ねぎのレシピ

瀬尾幸子

新星出版社

はじめに

私はねぎが大好きです。長ねぎ、玉ねぎ、万能ねぎ、
生のも、焼いたのも、煮たのも全部好き。
ねぎって具にもなれば薬味にもなる、その上いいだしも出る、
1人で何役もできる、すごいヤツなんです。
でも、なんだかいつも脇役として扱われていることが多い。
この本は、ねぎがなければ始まらない、ねぎが主役のお料理の本です。
使っているのはどこでも手に入る、ごく普通のねぎ。
お料理も作りやすいものばかり。
日常の食卓に並べてほしい、肩のこらないお料理です。
ねぎが大好きな私が、いつか作りたいと思っていたねぎの本。
それぞれのページに、そのお料理のコツや、
私のおススメポイントが書いてあります。
ねぎ好きな方はもちろん、そうでない方も
きっと気に入っていただけると思います。

もくじ

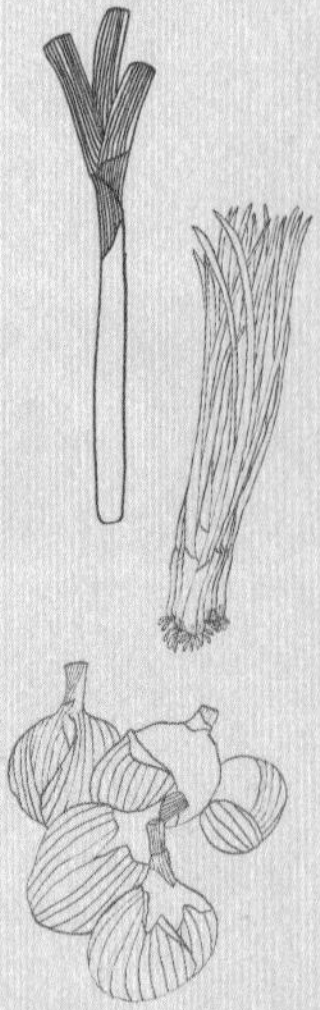

長ねぎ いただきます。

万能ねぎ

いただきます。

玉ねぎ

いただきます。

ねぎで調味料

ねぎを使った万能調味料。
作っておくと、重宝します。

デザイン　細山田デザイン事務所（成富チトセ）
撮影　貝塚 隆
スタイリング　大畑純子
原稿作成　横田悦子
イラスト　ヤマグチカヨ
調理アシスタント　久世謙太郎
企画・編集　シーオーツー（松浦祐子）

長ねぎ いただきます。

まずは長ねぎ。
長ねぎには料理の仕方や切り方で、
味や食感がまったく違うものになる
面白さがあります。
じっくり火を通せばとろっと甘く、
生のままならシャキシャキと
さわやかな辛みが。
ぶつ切り、斜め切り、小口切り。
その料理にベストな切り方を選びましょう。

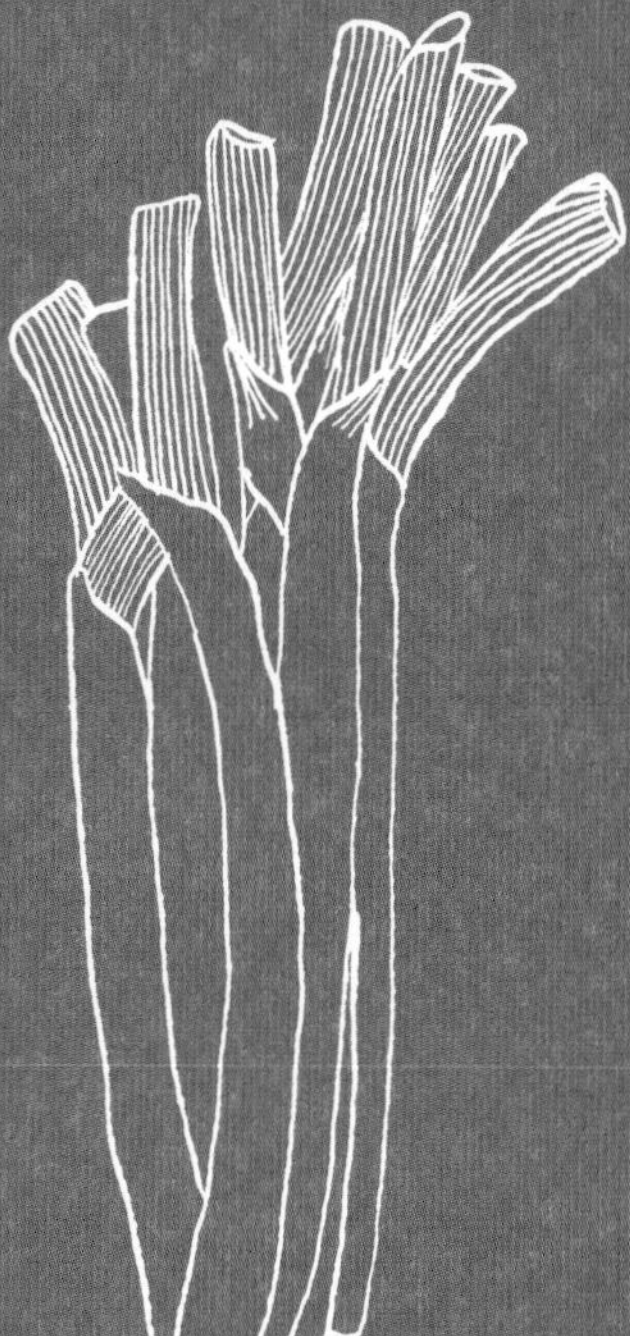

長ねぎの串カツ

材料(2人分)

長ねぎ… 2本
豚肉(カレー用)
… 100g
塩、コショウ… 各少々

〈衣1〉
天ぷら粉… 1カップ
水… 1カップ弱

〈衣2〉
パン粉… 適量
揚げ油… 適量
ソース、からし… 各適量

作り方

1 長ねぎは4cmに、豚肉は2.5cm角に切って、竹串に交互に刺し、塩、コショウを軽く振る。

2 ボウルに**衣1**の材料を混ぜて串をくぐらせ、**衣2**のパン粉をまぶす。

3 揚げ油を170℃に熱し、キツネ色になるまで揚げて、ソースやからしでいただく。

せおメモ

長ねぎが主役の串カツです。

あくまでも長ねぎの串カツなので、お肉はちょこっと。私にとってこの料理でのお肉は、ねぎをおいしく食べるための“だし”。もちろんお肉の量や刺す順番はお好みで!

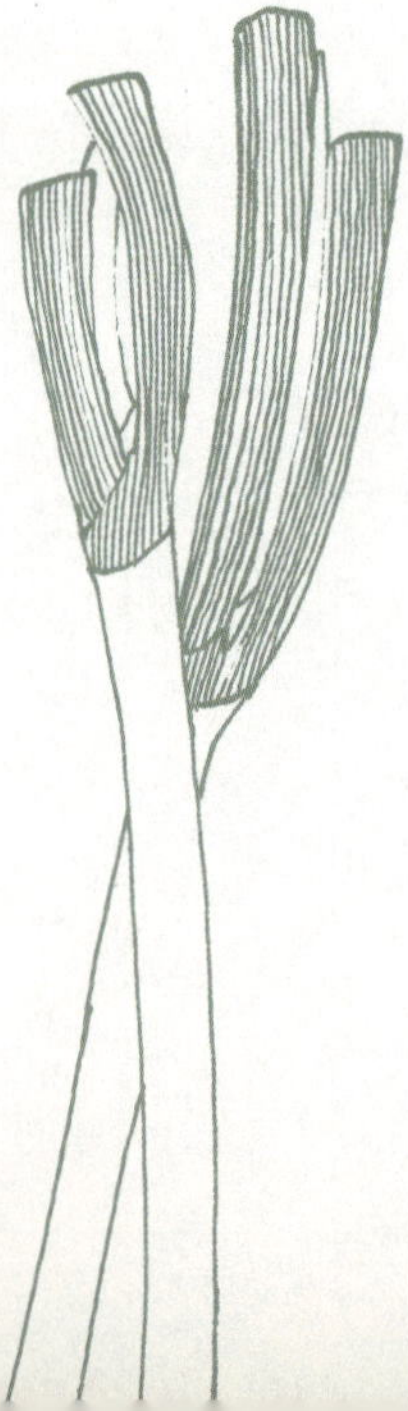

長ねぎの黒焼き

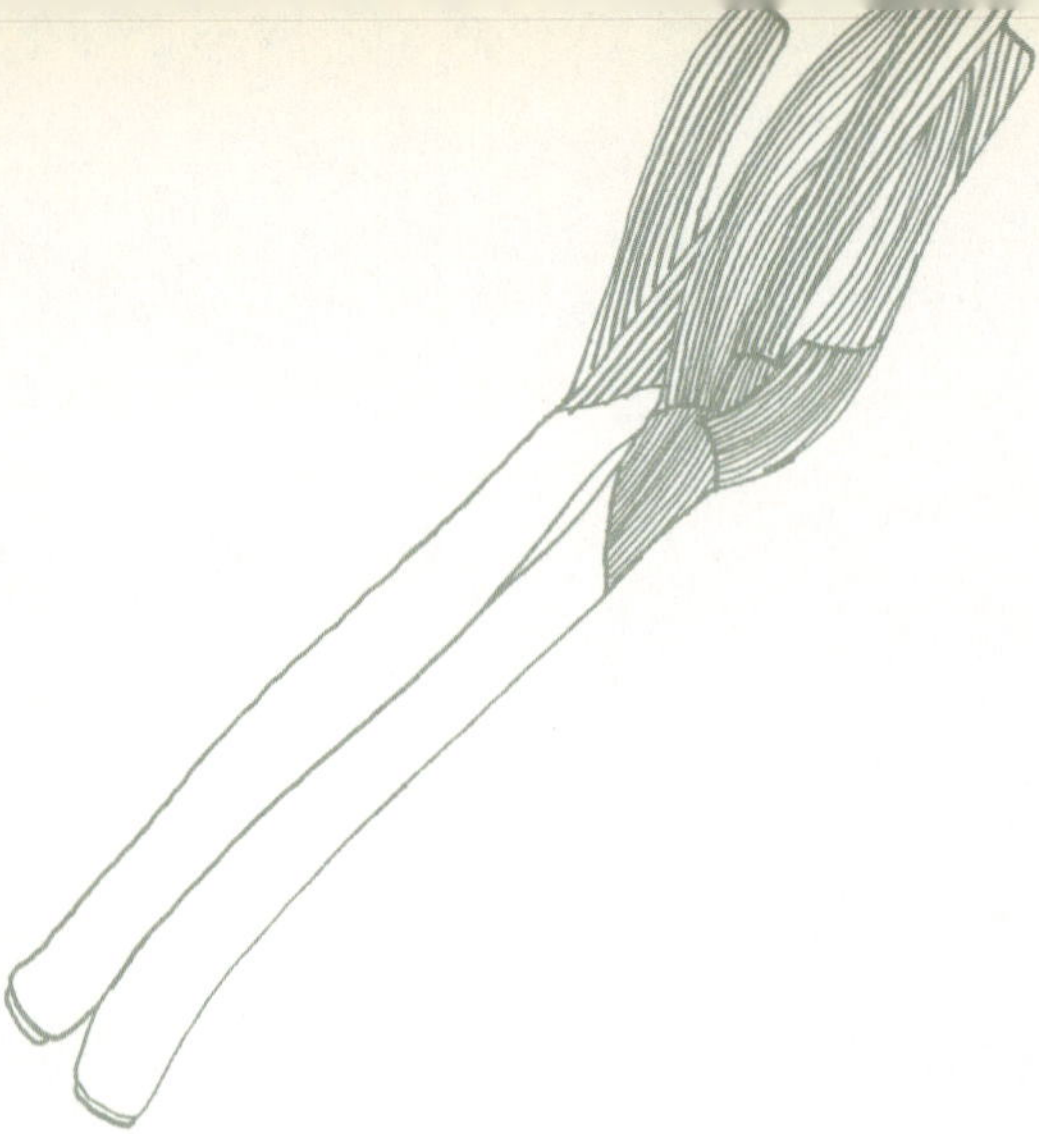

材料（2人分）

長ねぎ … 2本

塩、黒コショウ、オリーブオイル … 各適量

作り方

1 長ねぎを焼き網やグリルの大きさに合わせて、½か⅓に切る。

2 焼き網、またはグリルで中が十分にやわらかくなるまで焼き、5㎝長さに切り分け、縦に切れ目を入れて盛り付ける。

3 外側の黒い部分を除き、塩、黒コショウ、オリーブオイルでいただく。

火加減は中火でじっくり焼いて。

ねぎのおいしさをストレートに味わえる黒焼き。中火でじっくり焼くと、中が甘くてトロトロに。お箸で押してやわらかく感じるまで焼きましょう。一番外側ははずして食べるので、真っ黒に焦げても大丈夫。切れ目を1本入れておくとつるんとむけます。ここでは網焼きにしましたが、グリルやオーブントースターでもOK。

カリカリ鶏皮のねぎサラダ

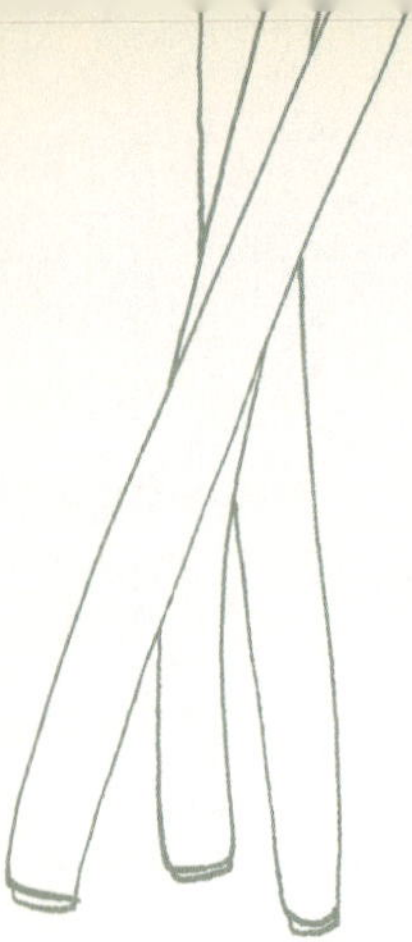

材料（2人分）
鶏皮…150g
長ねぎ…1本
水菜…2株

〈ドレッシング〉
しょうゆ…大さじ1
酢…大さじ1
砂糖…小さじ1
ごま油…大さじ1

作り方

1 鶏皮を冷たいフライパンに並べ、弱火で十分カリカリになるまで20分くらい焼く。紙タオルにとって余分な脂をきり、キッチンばさみで細切りにするか、手で砕く。

2 長ねぎは斜め薄切りにし、冷水にさらして透明感が出るまで10分くらいおき、水気をきる。水菜は根元を切り落とし、ざく切りにして長ねぎと混ぜる。

3 器に長ねぎと水菜を盛り、鶏皮を散らす。**ドレッシング**の材料を混ぜてかける。

カリカリ鶏皮はおいしい保存食。
カリカリ鶏皮を作っておくと、いろいろ使えて重宝です。密閉容器に入れて冷蔵庫に入れておけば1カ月くらい保存できます。たくさん作る場合はいっぱい並べられるホットプレートが便利。カリカリベーコンの代わりにサラダのトッピングにしたり、お粥や冷やっこにのせたり、オーブントースターであたためて塩を振れば、そのままおつまみにも。

ねぎチャーシューサラダ

材料（2人分）

長ねぎ…1本
市販のチャーシュー…6枚（80g）
市販の食べるラー油…小さじ2
塩、コショウ（好みで）…各少々

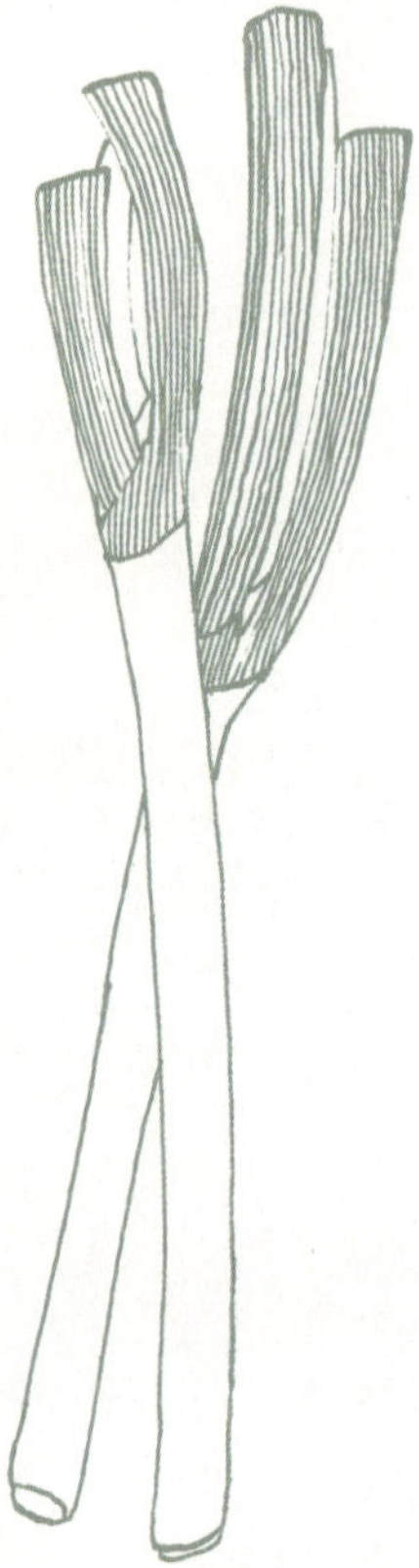

作り方

1 長ねぎは斜め薄切りにし、冷水にさらして透明感が出るまで10分くらいおき、水気をきる。

2 チャーシューは5㎜幅の短冊切りにする。

3 ボウルに長ねぎ、チャーシュー、食べるラー油を入れて混ぜ、味をみて塩、コショウを加える。

＼せおメモ／

ラーメンにのせる具を、
サラダにしてみました。

ねぎとチャーシューと言えば、ラーメンの具。それをそのままサラダにしてみました。だからここにメンマをプラスしてもOK。そうめんや冷たい中華めんにのせてもおいしくいただけます。

焼きねぎと半熟目玉焼き

材料（1人分）
ベーコン…1枚
長ねぎ…1本
卵…1個
トーストしたパン…適量

オリーブオイル…小さじ2
塩、黒コショウ、オリーブオイル、粉チーズ…各適量

作り方

1 冷たいフライパンにベーコンを入れ、弱火でカリッとするまで焼く。

2 長ねぎは食べやすい大きさに切り、オリーブオイル小さじ1をひいたフライパンで、弱めの中火でじっくりやわらかくなるまで焼く。

3 フライパンにオリーブオイル小さじ1をひき、卵を割り入れ、半熟の目玉焼きを作る。

4 皿にトーストしたパン、ベーコン、長ねぎ、目玉焼きを盛り合わせ、塩、黒コショウ、オリーブオイル、粉チーズをかける。

＼せおメモ／

ねぎは何で焼いてもOK。

今回はフライパンで焼きましたが、グリルや焼き網、オーブントースターで黒焼きにしても。皿の上で卵の黄身を崩し、調味料と混ぜ合わせてソースとしていただきます。レモンをかけるとマヨネーズのような味わいに。ねぎの皮はフライパンで焼いても少しかたくなるので、苦手な場合は皮をはずして。

ねぎ入り卵焼き

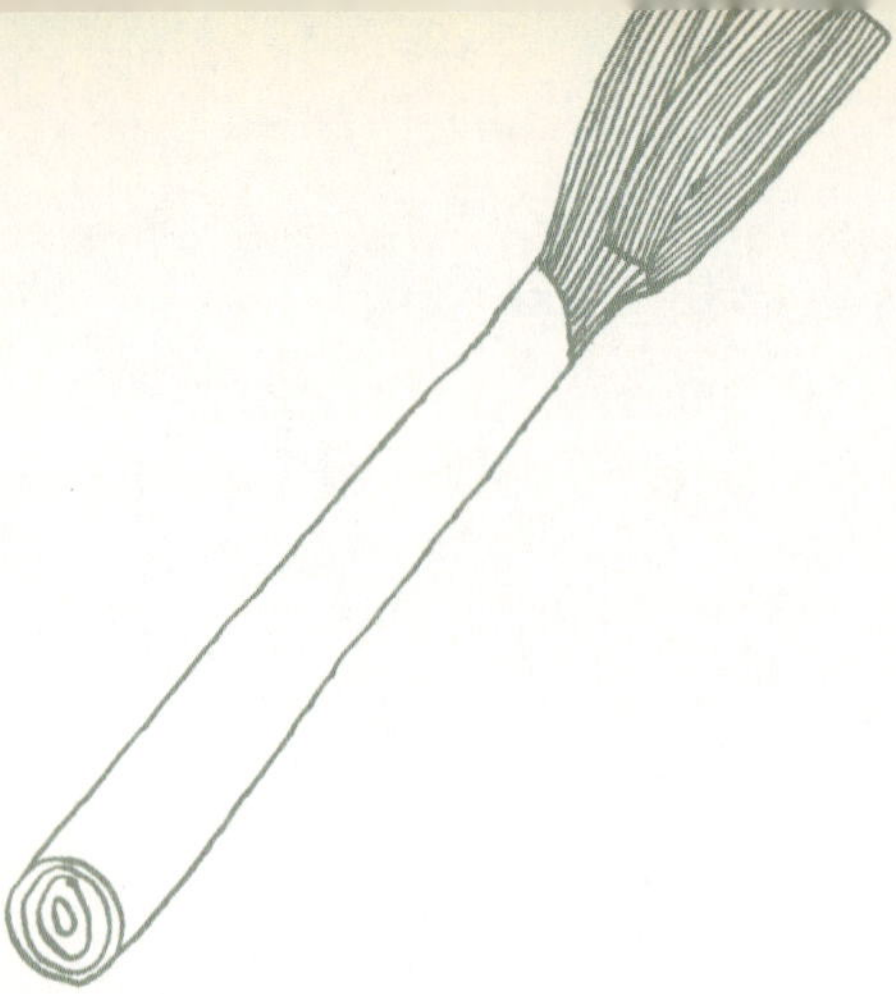

材料（2人分）
長ねぎみじん切り…10㎝分
卵…3個
塩…ひとつまみ
サラダ油…適量

作り方

1
卵焼き器にサラダ油小さじ1を中火で熱し、長ねぎをしんなりするまで炒める。ボウルに卵、塩、炒めた長ねぎを入れて混ぜる。

2
卵焼き器を中火で熱し、サラダ油を薄くひいて、卵液の1/3量を流し入れて広げる。表面が乾ききる前に奥から手前に巻く。

3
焼いた卵を奥に寄せ、卵焼き器の空いたところにサラダ油を薄くひき、残りの卵液の半分を流し入れる。先に焼いた卵を菜箸で持ち上げて下にも流し入れ、表面が乾く前に先に焼いた卵を芯にして巻く。

4
残りの卵液も同様に焼き、食べやすい大きさに切り分けて器に盛る。

＼せおメモ／

炒めたねぎの
おいしさにびっくり！
これは吉祥寺のとある居酒屋で食べた卵焼き。塩味だけなのに、炒めたねぎの甘さと旨みにびっくりし、再現してみました。ねぎは少し上のほうの緑がかった部分も使ったほうが、見た目がきれいです。

長ねぎ

ねぎとクリームチーズのオードブル

材料（作りやすい分量）

クリームチーズ…100g
長ねぎみじん切り…大さじ2
黒オリーブみじん切り…大さじ2
塩…ひとつまみ
黒コショウ…少々

作り方

1 クリームチーズをボウルに入れて室温でやわらかくし、残りの材料を全部入れて混ぜる。

2 ラップで円柱状に包み、冷蔵庫で冷やす。

3 切りやすいかたさになったら、切り分けて器に盛る。

ボール状にするとかわいい仕上がりに。

手のひらで転がしてボール状にすると、かわいらしいオードブルのできあがり。作り方のように包丁で切る場合は、パン切り包丁を使うときれいに切れます。ねぎは生のまま入れてもチーズの脂肪分で辛みが消えるので、辛さは感じません。シャクシャクとした食感が楽しいおつまみ。万能ねぎを使っても彩りが楽しい仕上がりに。

ねぎ豚チャンプルー

材料（2人分）

長ねぎ…2本
豚薄切り肉…4枚（100g）
木綿豆腐…½丁
卵…1個

ごま油…大さじ2
顆粒鶏スープの素…小さじ¼
塩…小さじ¼
コショウ…少々
紅しょうが…少々

作り方

1 長ねぎは斜め5㎜幅に切ってほぐす。豚肉は3㎝幅に切る。

2 フライパンにごま油を中火で熱し、豆腐を切らずに入れて全面に焼き目が付くように焼く。フライパンの空いている場所で長ねぎを炒める。

3 長ねぎがしんなりしたら、豚肉を入れて火が通るまで炒める。豆腐をへらで一口大に崩し、全体を混ぜて顆粒スープの素、塩、コショウを加え炒める。

4 卵を割りほぐして加えて炒め、卵に火が通ったら器に盛り、紅しょうがをのせる。

豆腐は大きなまま焼き目を付けて。

豆腐は切らずに大きなままフライパンに入れて、全面に焼き目を付けます。こうすると水分が出にくく、香ばしくなります。豆腐に焼き目を付けている間に、フライパンの空いている場所で他の具材を炒めれば時間も短縮。ねぎはへらでほぐしながら炒めると、早く火が通ります。

ねぎ豚巻きの照り焼き

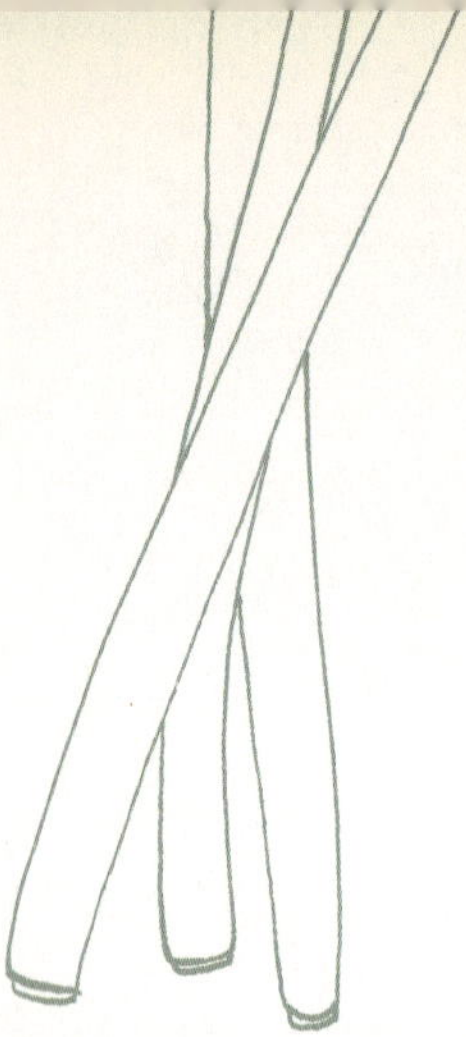

材料（2人分）

長ねぎ…1本
豚薄切り肉（肩ロース）…10枚
サラダ油…小さじ2
しょうゆ…大さじ1
みりん…大さじ1
七味唐辛子（好みで）…少々

作り方

1 長ねぎは縦半分に切ってから斜め薄切りにする。豚肉を広げ、切った長ねぎをのせて巻く。

2 フライパンにサラダ油を中火で熱し、巻き終わりを下にして焼き目が付くまで焼き、転がしながら全体に焼き目が付くまで2〜3分焼く。

3 しょうゆ、みりんを加えて煮立て、フライパンをゆすってからめる。全体に照りが出てきたら器に焼き汁といっしょに盛り、好みで七味唐辛子を振る。

巻き終わりを下にして焼けば、ちゃんとお肉がくっつきます。

薄切り肉を使った肉巻きは、フライパンをしっかり熱して巻き終わりから焼けば、楊枝などでとめる必要がありません。肉は焼くと縮むので、あまりきっちり巻かなくても大丈夫。今回は豚肉を使っていますが、もちろん牛の薄切り肉でも。ねぎは斜め切りにすると長さが調整しやすく、火も通りやすくなります。

長ねぎと里いもの甘辛煮

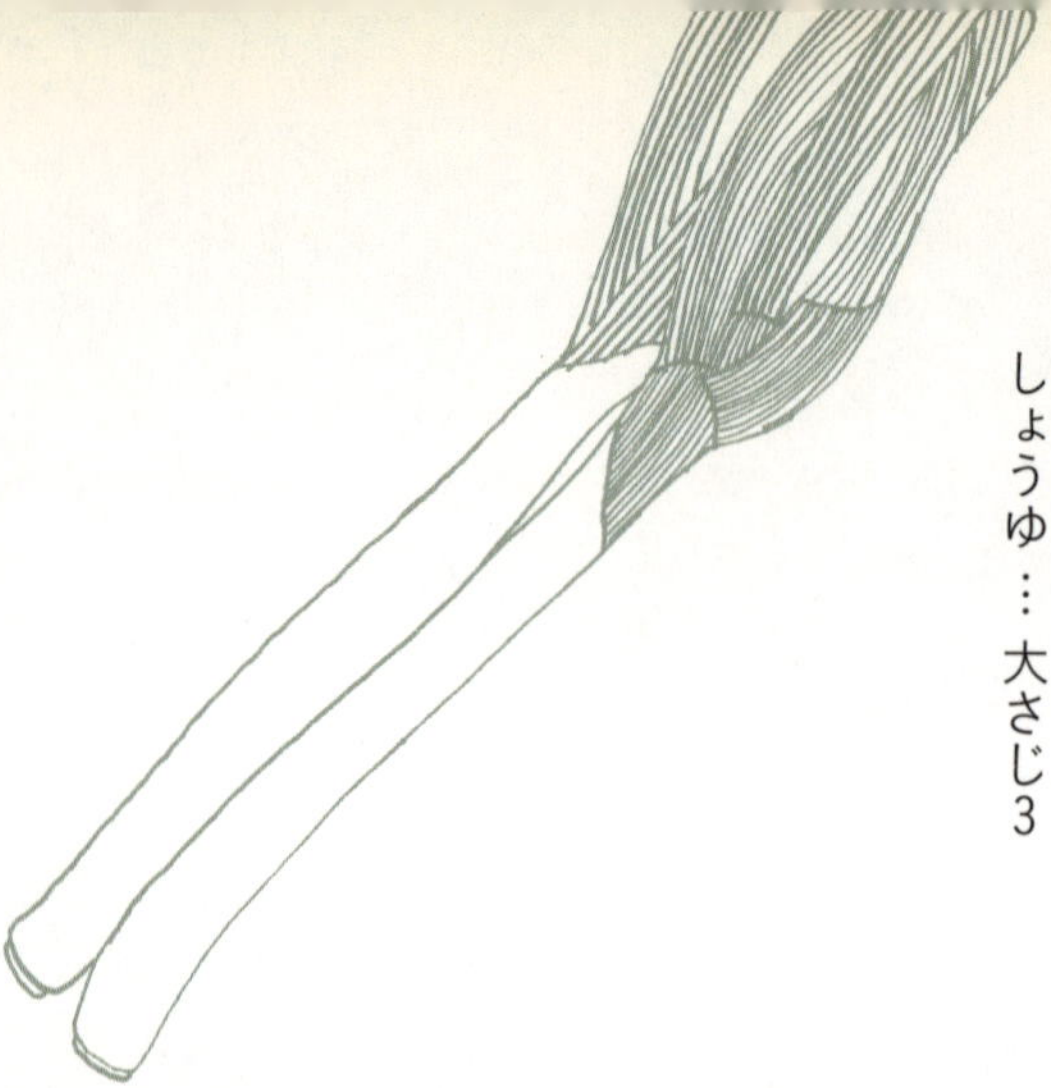

材料（2人分）

長ねぎ…1本
里いも…4個
牛こま切れ肉…100g
砂糖…大さじ1.5
しょうゆ…大さじ3

作り方

1 長ねぎは1cm幅の斜め切りにする。里いもは皮をむき、二口で食べられる大きさに切る。

2 鍋に里いもを入れ、かぶるくらいのたっぷりの水、砂糖を入れて、里いもがやわらかくなるまで弱めの中火で煮る。

3 長ねぎ、牛肉、しょうゆを加え、煮汁が鍋底から2〜3cmになるまで中火で煮る。

4 火を止めて2〜3分おき、煮汁をしみ込ませる。

＼せおメモ／

煮物には鍋の大きさが重要です。

煮物をおいしく作るには、鍋の大きさがとても大切。鍋にいっぱい入り過ぎていると煮え方にムラができるし混ぜにくく、少な過ぎると水分の蒸発が早くなってしまいます。鍋の深さの半分強の量で作るのがベスト。

長ねぎと鮭のみそ炒め

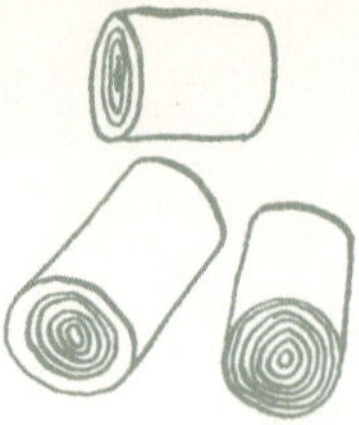

材料（2人分）

長ねぎ…2本
サーモン刺身用サク…120g
バター…大さじ1
みそ…大さじ3
みりん…大さじ2
七味唐辛子（好みで）…少々

作り方

1 長ねぎは1cm幅の斜め切りに、鮭は5mm厚さに切る。

2 フライパンにバターを中火で溶かし、長ねぎを入れて2〜3分じっくり炒める。長ねぎがやわらかくなったら片側に寄せ、空いたところに鮭を入れて両面を焼く。

3 みそとみりんを混ぜて長ねぎの上に加え、まんべんなく混ざったら、鮭の身を崩さないようにやさしく炒め合わせる。

4 強火にして余分な水分がなくなるまで炒め、器に盛って好みで七味唐辛子を振る。

フライパンの大きさを上手に活用。

火の通る時間に差があるもの、身が崩れやすいものを炒めるときは、フライパンのスペースを活用しましょう。今回は鮭の身が崩れやすく、ねぎにはじっくり火を通したいため、ねぎを先に炒めて片側に寄せ、空いたスペースで鮭を焼いています。別々に炒めて、またフライパンに戻す、という作業がなくなるので、時短になり、洗い物も少なくなります。

長ねぎと豆腐のオムレツ

材料（1人分）

長ねぎみじん切り…20cm分
絹ごし豆腐…$\frac{1}{4}$丁
卵…2個
ピザ用チーズ…30g
牛乳…小さじ2
塩、黒コショウ…各少々
バター…小さじ2
パセリ（あれば）…少々

作り方

1 豆腐は1cm角に切る。卵を割りほぐし、チーズ、牛乳、塩、黒コショウを加え混ぜる。

2 フライパンにバターを中火で溶かし、長ねぎを焦がさないようにしんなりするまで炒める。豆腐を加えてあたたまるまで炒め、強火にして卵液を流し入れる。

3 大きくゆっくりかき混ぜ、半熟になったらフライパンの片側に寄せ、フライパンの縁の形を活かして形作る。器に盛って黒コショウを振り、あればパセリを添える。

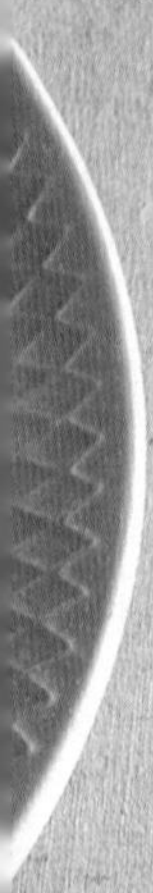

\せおメモ/

豆腐と卵が混然一体に…

豆腐と卵はやわらかさが同じくらい。この豆腐と卵をチーズがまとめて混然一体となったおいしさに。ねぎの甘さが加わったやさしい味のオムレツです。

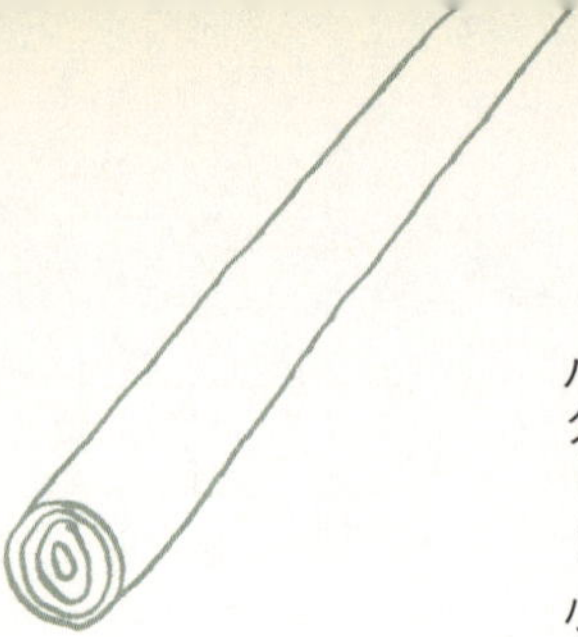

長ねぎとハムのキッシュ風オムレツ

材料（2人分）

長ねぎ…1本
ハム…4枚
卵…3個
生クリーム…½カップ
ピザ用チーズ…70g
塩…ひとつまみ
黒コショウ…少々
バター…小さじ2

作り方

1 長ねぎは縦四つ割りにして5mm幅に切る。ハムは1cm角に切る。

2 フライパンにバターを中火で溶かし、長ねぎがしんなりするまで炒める。

3 卵を割りほぐし、炒めた長ねぎ、ハム、生クリーム、チーズ、塩、黒コショウを加え混ぜる。

4 焼き皿にバター（分量外）を塗り、**3**を流し入れ、オーブントースター（700W）で12分くらい焼く。中央がふっくらとふくらめばできあがり。

クロワッサンにのせて食べれば、キッシュの味。

今回作ったのは、キッシュの皮を使わずに、たねだけを型に入れて焼いたラクちんキッシュ風オムレツ。これをクロワッサンにのせて食べれば、さらにキッシュの味に近くなります。朝食や休日のブランチにもおススメ。

ねぎ入りチキンボール

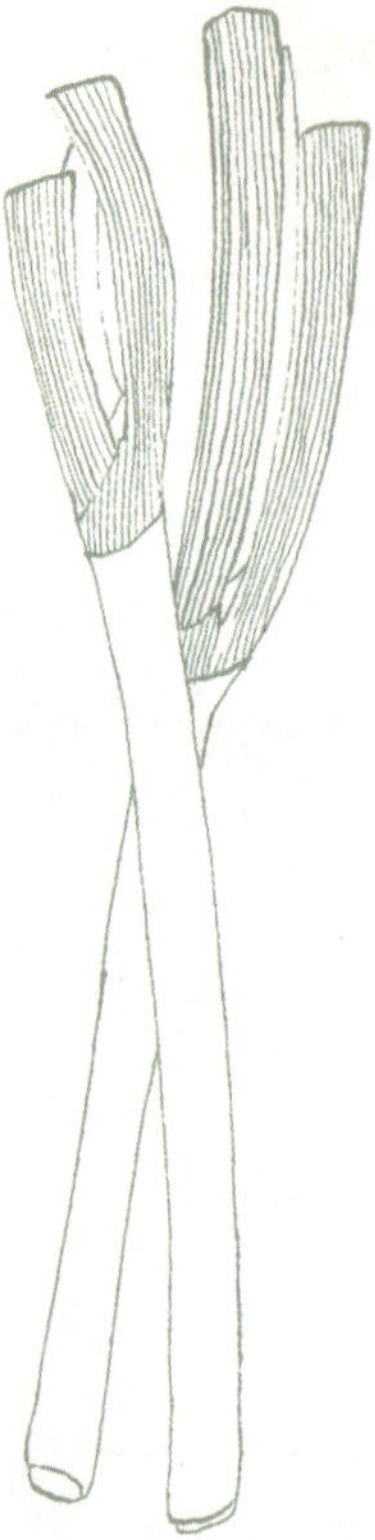

材料（2人分）

長ねぎのみじん切り…½本分
木綿豆腐…¼丁
鶏ももひき肉…150g
しょうがみじん切り…小さじ2
片栗粉…小さじ2
塩…小さじ¼
揚げ油…適量

作り方

1 豆腐はたたんだ紙タオルに5分ほどのせて、余分な水気をとる。

2 ボウルに材料をすべて入れて豆腐をつぶしながらムラなく混ぜ、一口大のボールに丸める。

3 揚げ油を170℃に熱し、2〜3分揚げる。

せおメモ

カレー味、みそ味など、
味のバリエーションも楽しめます。

今回のように塩だけのシンプルな味付けなら、食べるときにお好みでケチャップやからしじょうゆを付けても。たね自体にカレー粉や、みそ、コチュジャンなどを混ぜて味のバリエーションも楽しめます。

長ねぎとアジのカレーグリル焼き

材料（2人分）
アジ…2尾
長ねぎみじん切り…10㎝分
しょうがみじん切り…大さじ1
小麦粉…小さじ2
カレー粉…小さじ1
トマト…½個
万能ねぎ…1本
サラダ油…小さじ1
レモン（好みで）…¼個
塩、黒コショウ（好みで）…各少々

作り方

1 長ねぎ、しょうが、小麦粉、カレー粉を混ぜる。

2 アジはうろこ、えら、内臓をとり、両面に包丁で切れ目を数カ所入れ、**1**を詰める。グリルでアジの目が白くなるまで焼く。

3 トマトは厚さを半分に切り、フライパンにサラダ油を中火で熱し、両面を焼く。やや崩れるくらいまで焼いたら、焼けたアジと盛り合わせ、5㎜幅の斜め薄切りにした万能ねぎをアジの上に散らす。

4 好みでレモン汁、塩、黒コショウを振っていただく。

長ねぎはいっぱい詰めて。
ねぎは火が通るとかさが減るので、そぎ切りにするようにアジに深く切れ目を入れて、たくさん詰めましょう。骨に包丁があたって止まるので、切り落としてしまう心配はありません。アジの下ごしらえをするときは、かたい“ぜいご”は必ずとって。

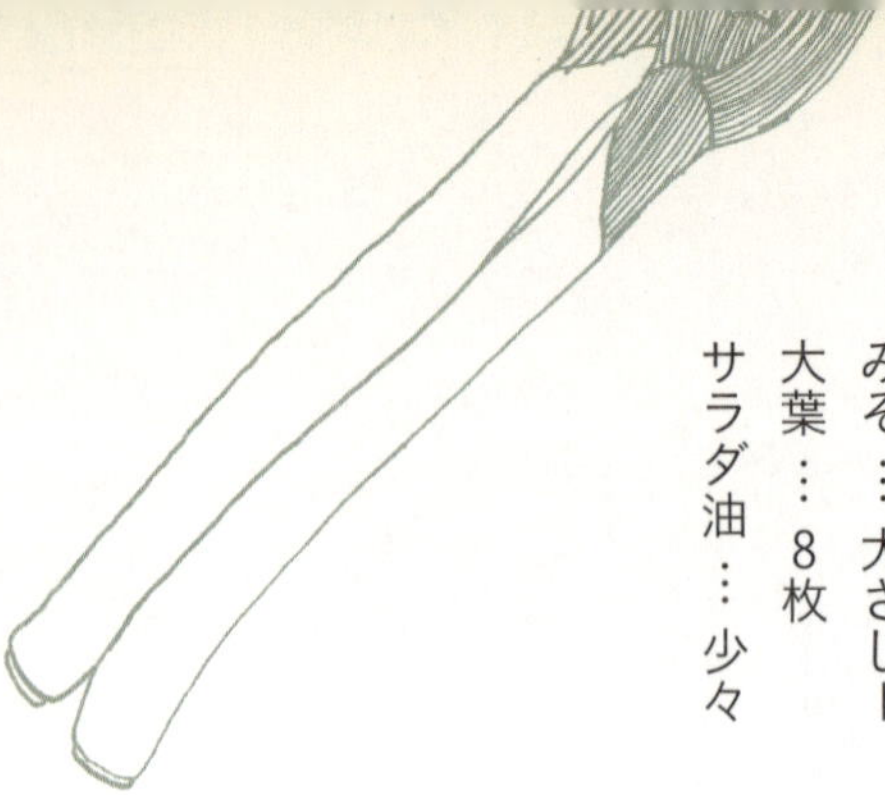

長ねぎとイワシのハンバーグ

材料（2人分）

イワシ…4尾
長ねぎみじん切り…10㎝分
しょうがすりおろし…大さじ1
みそ…大さじ1
大葉…8枚
サラダ油…少々

作り方

1 イワシは頭を落とし、腹骨を肛門まで切り落として中を冷水で洗う。手開きにして骨を除き（54ページ参照）、皮をむいて身を細かく切る。

2 まな板の上のイワシにねぎ、しょうが、みそを加え、包丁でたたきながら全体に混ぜる。8等分して大葉にのせ、円盤状に形作る。

3 フライパンにサラダ油を中火で熱し、大葉を下にして並べる。1分くらい焼いて裏返し、焼き目が付いたらできあがり。

生のままなら“なめろう”に。

このハンバーグは居酒屋さんのメニューでよく見る“なめろう”を焼いたもの。焼いたものは“さんが焼き”とも呼ばれます。もちろん焼かずに“なめろう”のままいただいてもおいしいおつまみに。イワシは手開きにした後、酒を振っておくと、丸ごとよりも日持ちがします。

長ねぎとベーコンの中華風塩煮

材料（2人分）
長ねぎ…2本
ベーコン…2枚
にんにく薄切り…1片分
しょうがせん切り
…薄切り6枚分
ごま油…大さじ1
水…2カップ
〈調味料〉
しょうゆ…小さじ2
顆粒鶏スープの素…小さじ½
塩…小さじ¼
コショウ…少々
片栗粉…小さじ2

作り方

1 長ねぎは3㎝のぶつ切りに、ベーコンは2㎝幅に切る。

2 フライパンにごま油を中火で熱し、長ねぎを焦がさないように、しんなりするまで2〜3分炒める。

3 ベーコンを加えて炒め、ベーコンから脂が出てきたら、にんにく、しょうが、水、**調味料**を加えて10分くらい煮る。

4 片栗粉を大さじ1（分量外）の水で溶き、鍋を混ぜながら少しずつ加え、とろみをつける。

ねぎはくたくたになるまでよく炒めて。

ねぎの旨みや甘みをしっかりと引き出すように、ねぎがくたくたになるまでよーく炒めましょう。時間がないときは斜め薄切りなど、火が通りやすい切り方に変えて。ベーコンといっしょに煮ると、ベーコンから出た旨みもねぎが吸ってくれます。とろみがついているので煮汁と具材のまとまりがよく、やさしい味付けなのにご飯のすすむおかずです。

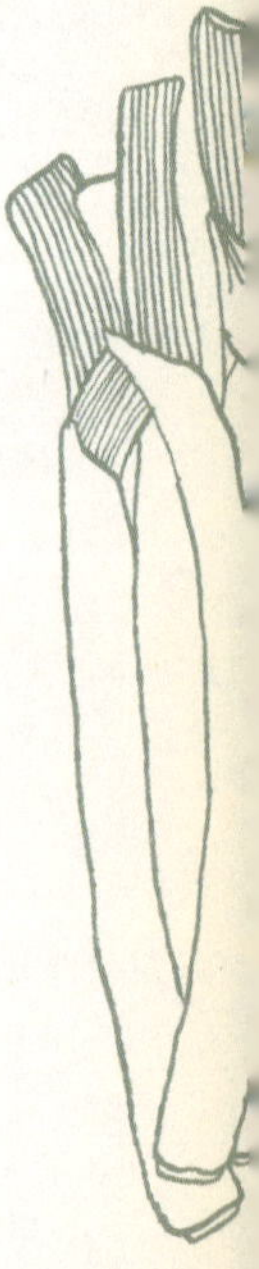

長ねぎと厚揚げの甘酢あんかけ

材料（2人分）

長ねぎ…1本
絹厚揚げ…2個（1パック）
パプリカ…¼個
しいたけ…1個
にんにく薄切り…½片分
赤唐辛子輪切り…少々

〈甘酢あん〉
酢…大さじ3
しょうゆ…大さじ3
砂糖…大さじ3
片栗粉…大さじ1
水…⅔カップ

サラダ油…大さじ2

作り方

1 長ねぎは縦半分に切ってから4㎝に切る。厚揚げは1.5㎝厚さの一口大、パプリカは1㎝幅の細切り、しいたけは薄切りにする。**甘酢あん**の材料を混ぜておく。

2 フライパンにサラダ油を中火で熱し、厚揚げ以外の材料を入れ、野菜がしんなりするまで3分ほど炒める。

3 厚揚げを加えて炒め、厚揚げがあたたまったら、混ぜておいた甘酢あんの材料を加え、混ぜながら強火で煮立てる。

4 甘酢あんが透き通り、とろみがついたらできあがり。

＼せおメモ／

揚げなくていい、
カンタン酢豚風。

お肉の代わりに厚揚げを使った酢豚風の炒めもの。厚揚げはすでに揚げてあるので、揚げる手間がありません。甘酢あんは透き通ってツヤが出てくるまでしっかり火を通して。

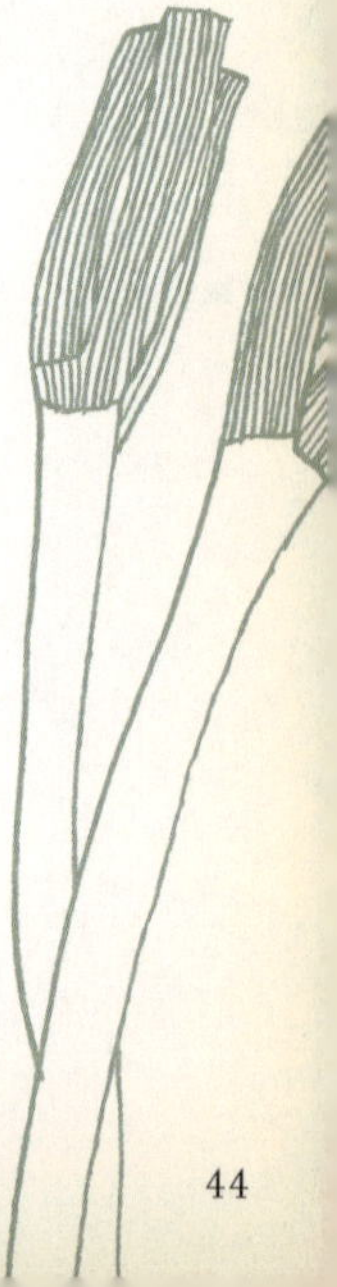

ねぎみそ豆腐揚げ

材料（2人分）

木綿豆腐…1丁

〈ねぎみそ〉

長ねぎみじん切り…10㎝分

みそ…大さじ2

砂糖…小さじ2〜大さじ1（好みで）

〈衣〉

天ぷら粉…⅔カップ

水…⅔カップ弱

揚げ油…適量

大葉…8枚

作り方

1 豆腐はたたんだ紙タオルにのせて5分ほどおいて水気をきり、8等分に切る。

2 切り離さないように注意して半分の厚さに切れ目を入れる。**ねぎみそ**の材料を混ぜ合わせて切れ目にはさむ。

3 **衣**の材料を混ぜて豆腐をくぐらせ、170℃に熱した油で表面がカリッとするまで揚げる。

4 大葉を添えて器に盛り、大葉といっしょにいただく。

豆腐は切り込みを入れてみそをはさむ。

豆腐の田楽を食べたときに、これが天ぷらになっていたら絶対においしい！　と思って作ったのがこの料理。豆腐を切り離さず、深く切れ目を入れてみそをはさめば、楊枝などでとめずに衣を付けて揚げられます。今回は甘みのあるみそですが、砂糖を入れずにごまを入れても風味がゆたかに。

長ねぎとチーズの揚げ餃子

材料（2人分）

〈具〉

モッツァレラチーズ（フレッシュ）…50g
長ねぎみじん切り…½本分
鶏ももひき肉…100g
みそ…小さじ2
塩・コショウ…各少々
餃子の皮…16枚
揚げ油…適量
パセリ（あれば）…少々
カレー粉・塩（好みで）…各少々

作り方

1 モッツァレラチーズは1cm角に切り、**具**の材料を混ぜる。

2 具を餃子の皮に包む。揚げたときにチーズが流れ出ないよう、皮をぴったりとくっつける。

3 170℃に熱した油で、キツネ色になるまで揚げる。器に盛ってあればパセリを添え、好みでカレー粉や塩を振っていただく。

せおメモ

スナックとして
気軽につまめる揚げ餃子。

おかずと言うよりはスナックやおつまみとして気軽につまめる揚げ餃子です。鶏ひき肉の代わりに納豆を入れたり、海苔を加えてもおいしくいただけます。

長ねぎと豚肉のみそ汁

材料（2人分）
長ねぎ…1本
豚ひき肉…50g
だし汁…3カップ
みそ…大さじ3弱

作り方

1 長ねぎは1.5cmのぶつ切りにする。

2 鍋にだし汁、長ねぎを入れて中火で煮立て、ひき肉を人差し指の先くらいにちぎって加える。

3 弱火で長ねぎがやわらかくなるまで煮て、みそを溶き入れ、ひと煮する。味をみて濃いようなら水を足す。

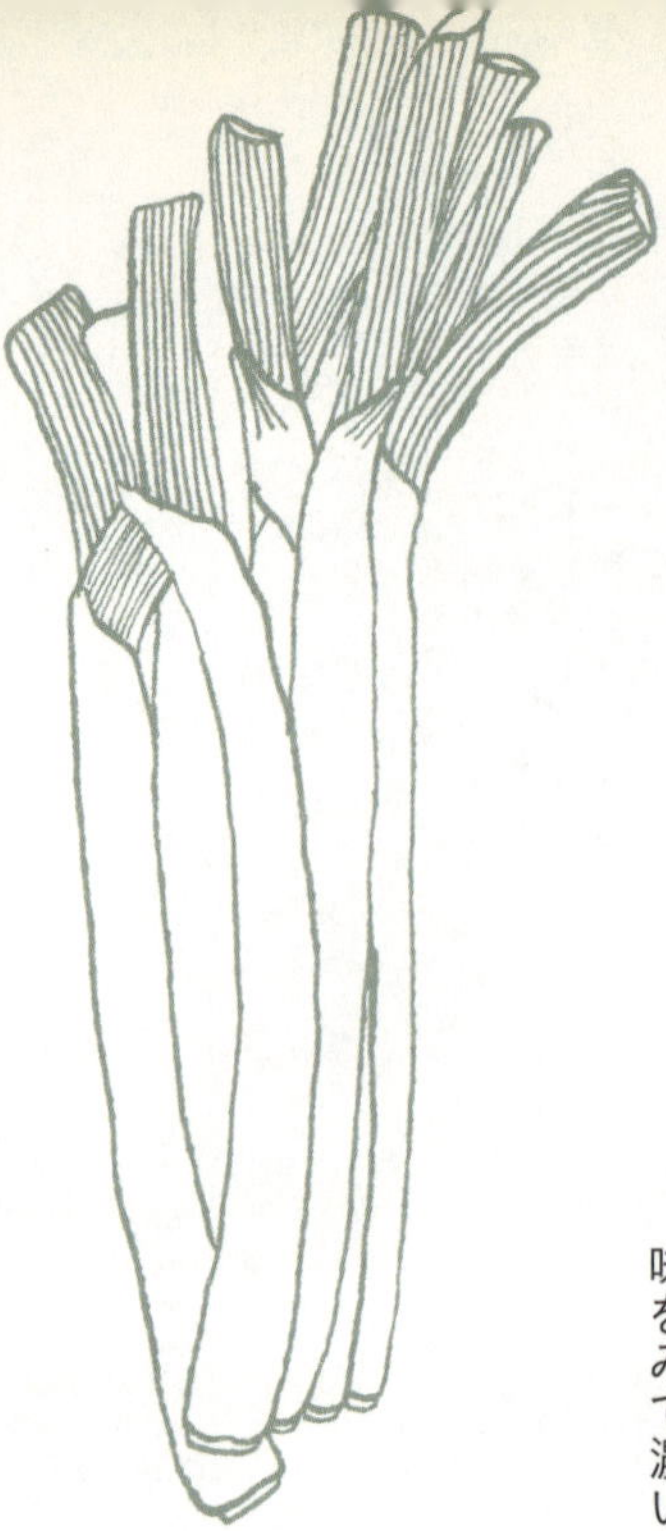

“ちぎりひき肉”で食べ応えを出す。

具材を炒めないあっさりした豚汁。夏ならトマトや大葉を加えても。私は“ちぎりひき肉”と呼んでいますが、ひき肉を一度ぎゅっと握ってからちぎって加えると肉団子のようになり、お箸で食べやすく、食べ応えもアップします。

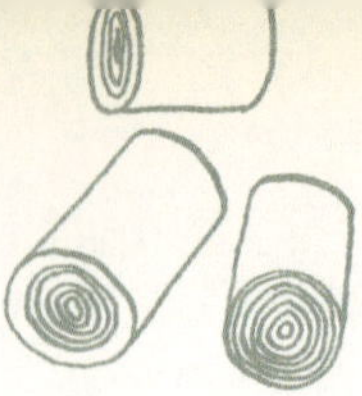

長ねぎと牛すじの韓国風スープ

材料（作りやすい分量）

牛すじ…500g
水…5カップ
長ねぎ…2本
にんにく…2片
しょうが…1かけ
塩、コショウ…各適量
白菜キムチ、塩、黒コショウ、ごま油…各適量

作り方

1 牛すじと水を圧力鍋に入れ、ふたをして中火にかける（高圧と低圧が選べるものは高圧を選ぶ）。圧力がかかったら弱火で12分煮て火を止める。自然に圧力が抜けたらふたをとり、肉を一口大に切り分けて鍋に戻す。

2 表面の脂をすくい取り、斜め薄切りにした長ねぎ、半分に切ったにんにく、薄切りにしたしょうがを加え、中火で5分煮る。

3 塩、コショウで薄く味を付けて器に盛り、キムチや塩、黒コショウ、ごま油で好みの味を付けながらいただく。

牛すじは下ごしらえ後、
小分けにして冷凍しておくと便利。

牛すじはいつも売っているわけではないので、売っているときに買ってやわらかくゆでて小分けにし、ゆで汁といっしょに冷凍しておくと便利です。普通の鍋で作るなら弱火で1時間半ゆで、火を止めてそのまま冷まします。いったん冷蔵庫に入れると脂が固まり、取り除きやすくなります。

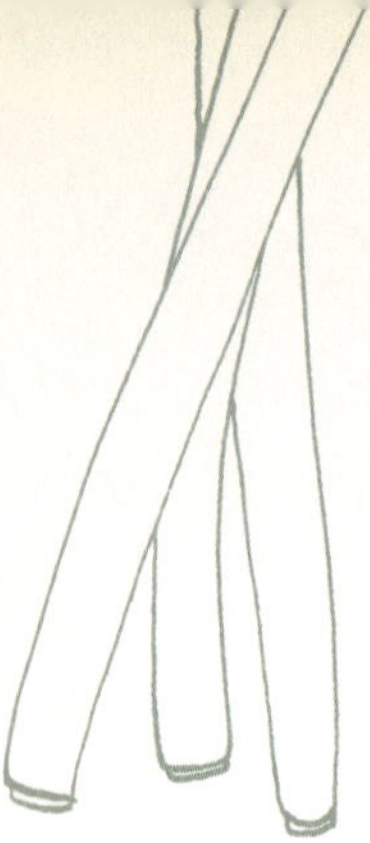

長ねぎとイワシのつみれ汁

材料（2人分）

〈つみれ〉
イワシ…2尾
長ねぎみじん切り…10㎝分
しょうがすりおろし…小さじ½
小麦粉…小さじ2
みそ…小さじ2

だし汁…3カップ
しょうゆ…大さじ1弱
しょうがせん切り…少々

作り方

1 イワシは頭を落とし、腹骨を肛門まで切り落として、中を冷水でよく洗う。手開きにして骨を除き、皮をむいて、粘り気が出るまで包丁で細かくたたく。

2 1に**つみれ**のほかの材料を混ぜて練り、4等分して丸める。

3 鍋にだし汁を煮立て、2を入れて弱火で2分ほど煮る。

4 つみれに火が通ったらしょうゆを加えてひと煮し、器に盛ってしょうがせん切りを添える。

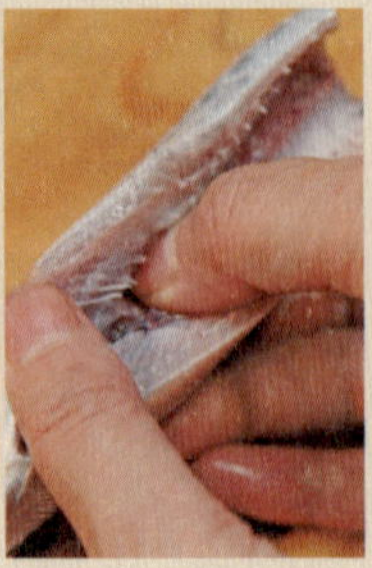

イワシの手開きにチャレンジ！

1 頭を切り落とし、腹骨と内臓のある部分を斜めに切り落とす（写真左）。2 背骨の部分を親指でしごき、流水でよく洗う。3 左右に開く。4 真ん中あたりの背骨と身の間に親指を入れ、頭まで指を滑らせる（写真右）。5 もう一方の親指を尾まで滑らせて骨と身を離す。6 もう片面も身と骨を離し、骨をはずす。7 尾のところをハサミで切り、骨を切り離す。

長ねぎとじゃがいものポタージュ

材料（2人分）
長ねぎ…1/2本
じゃがいも…小さめ2個（200g）
バター…大さじ1
水…2カップ
固形コンソメスープの素…1個
牛乳…2/3カップ
塩…小さじ1/4
コショウ…少々
万能ねぎ小口切り（あれば）…少々

作り方

1 長ねぎは縦四つ割りにしてから小口切りにする。じゃがいもは皮をむいて1cm厚さのいちょう切りにする。

2 鍋にバターを中火で溶かし、焦がさないように注意して長ねぎをしんなりするまで炒める。じゃがいもを加えて弱火にし、1分ほど炒めたら水を加えて中火で煮立てる。

3 固形スープの素を加え、じゃがいもがやわらかくなるまで8分ほど煮たら火を止め、鍋の中でマッシャーかへらでじゃがいもをつぶす。

4 牛乳を加えて中火で煮立て、塩、コショウを加えてひと煮する。味をみて塩、コショウで調え、器に盛ってあれば万能ねぎを散らす。

＼せおメモ／

ミキサーのいらない簡単ポタージュ。

ねぎを具として味わう、ミキサーを使わない簡単なポタージュです。ミキサーを使えばねぎの旨みが全体に溶け込んだなめらかなスープに。

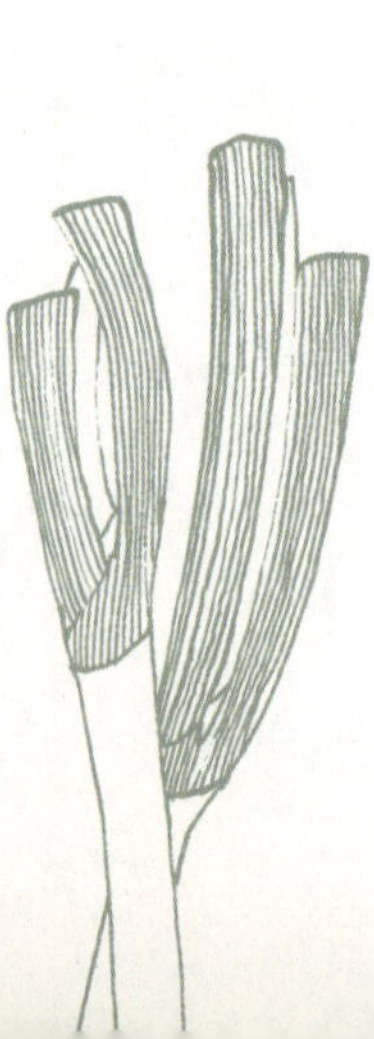

長ねぎとカッテージチーズのペリメニー風

材料（2人分）

長ねぎ…1本
餃子の皮…12枚
〈ペリメニーの具〉
合いびき肉…100g
玉ねぎみじん切り…大さじ4
裏ごしカッテージチーズ…大さじ3
塩、コショウ…各少々
バター…大さじ1
小麦粉…大さじ2
固形コンソメスープの素…1/2個
牛乳…2カップ
塩、コショウ…各少々
粉チーズ…適量
黒コショウ（好みで）…少々

作り方

1 長ねぎは斜め薄切りにする。

2 **ペリメニーの具**をよく混ぜて12等分し、餃子と同様に包み、両端を前で重ねてとめる。塩少々（分量外）を加えた熱湯で、浮き上がるまでゆで、取り出す。

3 フライパンにバターを中火で溶かし、長ねぎをしんなりするまで炒める。

4 小麦粉を振り入れ、粉っぽさがなくなるまで炒めたら、固形スープの素、牛乳を入れ、混ぜながら煮立てる。

5 ペリメニー、塩、コショウを加え、とろみがつくまで煮る。器に盛り、粉チーズ、好みで黒コショウを振る。

餃子の皮を使った、簡単ペリメニー。

ロシアの水餃子、ペリメニー。本来は強力粉で作りますが、餃子の皮を使えばとっても簡単。餃子を包む要領でひだを作らずに包み、両端を前で合わせて水をつけてとめます。この皮が重なった部分がモチモチして本格的な食感に。ねぎを炒めてから小麦粉を振り入れて炒めると、ダマにならず、ホワイトソースも失敗なし。牛乳は冷たいまま一気に入れて。

鶏ねぎうどん

材料（2人分）

長ねぎ…1本
鶏もも肉…½枚（140g）
水…2カップ
めんつゆ（3倍濃縮タイプ）
…¼カップ
しょうゆ（好みで）…少々
ゆでうどん…2玉
長ねぎ小口切り…少々
しょうがすりおろし
…大さじ1

作り方

1 長ねぎは1cmのぶつ切り、鶏もも肉は2cm角に切る。

2 鍋に長ねぎ、鶏肉、水を入れ、中火で煮立ててあくをとり、弱火にして鶏肉がやわらかくなるまで10分煮る。

3 めんつゆを加えてひと煮し、辛めの味付けが好きな場合は味をみてしょうゆを加える。

4 うどんを好みの具合にゆで、冷水にとってざるに盛り、しょうがすりおろしを添える。つけ汁は熱々の状態にして器に盛り、長ねぎの小口切りを散らす。

せおメモ

鴨せいろ風のつけ汁うどん。

熱々のつけ汁で冷たいめんをいただく、鴨せいろ風のうどん。冬は両方熱々にしても。ねぎは具でもありますが、汁に旨みを加える“だし”にもなっています。

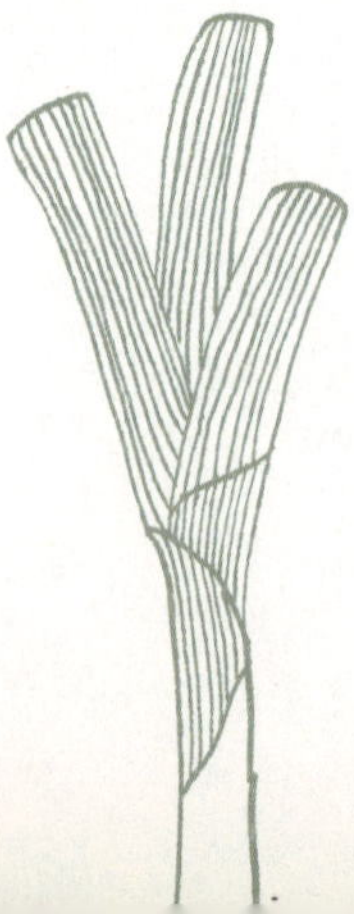

ねぎ豚カレーうどん

材料（2人分）

長ねぎ…1本
豚薄切り肉…4枚（100g）
水…3.5カップ
めんつゆ（3倍濃縮タイプ）…大さじ4
小麦粉…大さじ1
カレー粉…小さじ1.5
ゆでうどん…2玉
豆乳…½カップ
しょうゆ（好みで）…少々

作り方

1 長ねぎは縦半分に切って3cmに切る。豚肉は1.5cm幅に切る。

2 鍋に長ねぎ、豚肉、水を入れて中火で煮立て、あくをとる。弱火にして5分煮る。

3 めんつゆ、小麦粉、カレー粉を混ぜ合わせ、鍋を混ぜながら加え、とろみがつくまで煮る。

4 うどんを加えて好みのやわらかさまで煮て、豆乳を加える。辛めの味付けが好きな場合はしょうゆを加えてひと煮する。

＼せおメモ／

豆乳でまろやかさととろみ、旨みをプラス。

豆乳を使うと、片栗粉を使ったときよりもやさしいとろみに。まろやかさと旨みもプラスされます。先に入れると分離してしまいますが、これは小さな豆腐ができている状態。失敗ではありません。

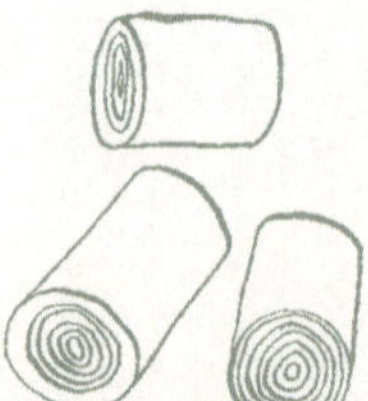

ねぎしらすピザ

材料（1人分）

市販のピザ生地…1枚
長ねぎ小口切り…1本分
しらす…30g
ピザ用チーズ…100g
しょうゆ…少々
黒コショウ（好みで）…少々

作り方

1 ピザ生地にしょうゆを薄く塗り、しらす、長ねぎ、チーズをのせる。

2 オーブントースター（700w）で15分焼く。

3 好みで黒コショウを振る。

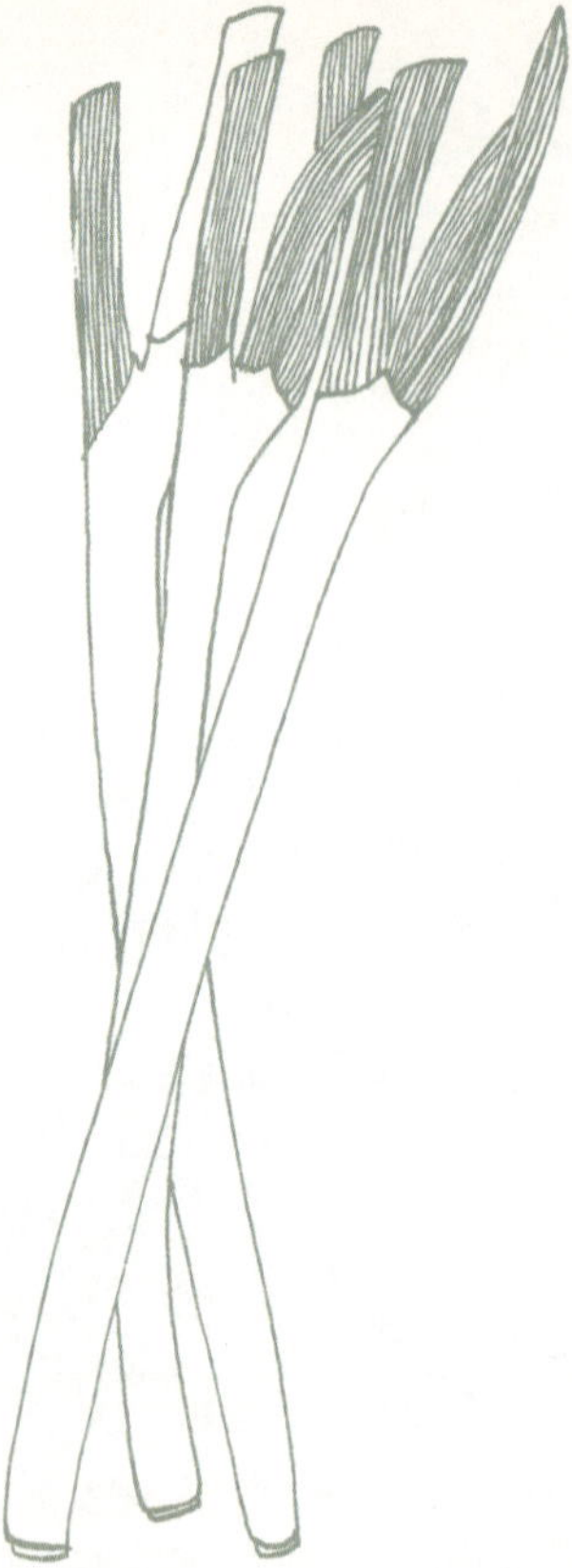

これでもか！というくらい、ねぎをどっさりのせて。

ねぎは、「こんなに?」と思うくらいどっさりのせて焼くのが、おいしさのコツ。太めのねぎ1本分くらい、まるまるのせてしまいましょう。ピザは半分に切って少しずらすと、一度にオーブントースターに入ります。せっかく家で作るんですから、チーズもたっぷりのせてください。

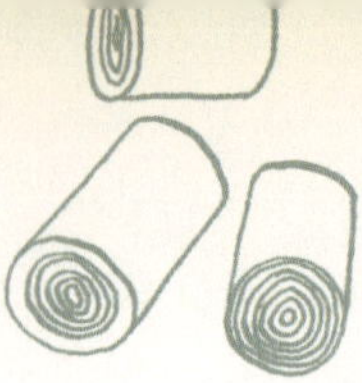

ねぎ豚しょうゆ焼き飯

材料（2人分）

長ねぎ…1本
豚薄切り肉…4枚（100g）
ナルト…薄切り4枚
卵…2個

ごま油…大さじ2
ご飯…2杯分（400g）
しょうゆ…大さじ1
塩、コショウ…各少々

紅しょうが…少々

作り方

1 長ねぎは縦四つ割りにしてから小口に切る。豚肉は1㎝幅に切る。ナルトはせん切りにする。卵は塩、コショウ各少々を加えて割りほぐす。

2 フライパンにごま油を中火で熱し、長ねぎ、豚肉、ナルトを炒める。長ねぎがしんなりして豚肉に火が通ったら、ご飯を入れて全体がぱらりとするまで炒める。

3 ご飯を片側に寄せ、空いたところに卵を流し入れ、ゆっくりかき混ぜて半熟になったらご飯と混ぜる。

4 しょうゆ、塩、コショウで調味し、器に盛って紅しょうがをのせる。

へらで押し付けてご飯をぱらぱらに。

中華屋さんのチャーハンではなく、子供のころ土曜日のお昼ごはんに食べていたような、家庭の焼き飯。ご飯を炒めるときは、へらの面の部分でご飯をフライパンに押し付けて返す、を何度かくり返すと、ご飯があたたまり自然とパラパラに仕上がります。切るように混ぜるとご飯がつぶれてべたついてしまうので気を付けて。

長ねぎと白身魚の中華粥

材料（2人分）

長ねぎ… 20cm
白身魚の刺身… 適量
ご飯… 1杯分（200g）
水… 3カップ+1カップ
顆粒鶏スープの素… 小さじ1
塩… 小さじ1/3
黒コショウ… 少々
ごま油、しょうゆ… 各少々
カリカリ鶏皮（14ページ・あれば）… 適量

作り方

1 長ねぎは縦半分に切ってから、小口切りにする。

2 鍋に水3カップ、顆粒鶏スープの素を中火で煮立て、ご飯を入れて火を止め、ふたをしてそのまま15分おく。

3 ふたをとって弱火で煮立て、水1カップを足して、再び沸騰するまで弱火のまま煮る。長ねぎを加え、塩、黒コショウで調味する。

4 器に刺身を入れ、その上に熱々のお粥を盛る。上にも刺身をのせ、ごま油、しょうゆをほんの少しかける。

5 あればカリカリ鶏皮を添え、好みで、塩、黒コショウ、しょうゆを足しながらいただく。

＼せおメモ／

朝ごはんにもぴったり。

お粥は朝ごはんにもぴったりのメニュー。夜の間に作り方2までを済ませておくと、忙しい朝にもささっと作れます。14ページで紹介したカリカリ鶏皮があれば、ぜひのせて。旨みとコクが格段にアップします。

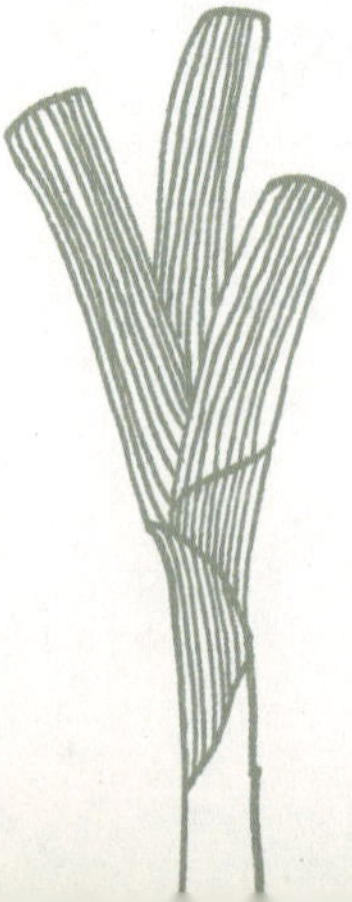

ねぎ塩焼きそば

材料（1人分）

長ねぎ…½本
油揚げ…½枚
しいたけ…1個
中華蒸しめん…1玉

ごま油…大さじ1

〈調味料〉
しょうゆ…小さじ1
塩…小さじ⅓
顆粒鶏スープの素…小さじ¼
コショウ…少々
水…大さじ2

紅しょうが（あれば）…少々

作り方

1 長ねぎは5㎜幅の斜め切り、油揚げは短冊切り、しいたけは石づきをとって薄切りにする。

2 フライパンにごま油を中火で熱し、1を入れて、しんなりするまで2～3分炒める。

3 軽くほぐした中華蒸しめんを加え、めんがあたたまり、ほぐれるまで炒める。

4 **調味料**と水を加えて炒め合わせ、水分がなくなるまで炒めたら、器に盛ってあれば紅しょうがを添える。

＼せおメモ／

素材のおいしさを味わう、
塩味の焼きそば。

かくし味にちょっとだけしょうゆを使った塩味の焼きそば。素材のおいしさがストレートに味わえます。今回は油揚げを使いましたが、薄切り肉やひき肉、ハムなど、なんでもOK。

長ねぎと里いものカレー

材料（3〜4人分）

長ねぎ…2本
里いも…大2個（250g）
牛肉こま切れ…100g
プチトマト…6個
にんにくみじん切り…1片分
しょうがみじん切り…大さじ2
バター…大さじ2
カレー粉…小さじ2
水…3カップ
めんつゆ（3倍濃縮タイプ）…大さじ2
カレールー…2かけ
ご飯…適量

作り方

1 長ねぎは短い斜め薄切りにする。里いもは皮をむいて1.5㎝厚さの輪切りにする。

2 鍋にバターを中火で溶かし、長ねぎを入れて、じっくり4分ほど炒める。里いも、牛肉、にんにく、しょうが、カレー粉を加えて炒める。

3 肉の色が変わったら水を加え、煮立ったら弱火にして20分煮る。

4 へたをとったプチトマト、めんつゆを入れて2分ほど煮る。プチトマトがやや崩れ始めたらカレールーを加える。

5 ルーが溶けたら火を止め、ご飯といっしょに盛る。

長ねぎのほうが玉ねぎよりも早く甘みが出ます。

カレーをおいしく作るには玉ねぎを茶色くなるまで炒め、甘みと旨みを引き出します。でもこれって結構時間がかかりますよね。長ねぎのほうが玉ねぎよりも短時間で甘みと旨みが出るので、時間のないときには長ねぎのカレーがおススメ。斜め薄切りなので切るのも簡単です。里いもはじゃがいもより煮崩れにくいので、安心して煮込めるのもうれしいところ。

万能ねぎ
いただきます。

香りがバツグンの万能ねぎ。
長ねぎに比べて辛みが少ないから
生のままでもどっさり使って大丈夫。
私は和食だけでなく、洋食にもたくさん
万能ねぎを使います。
彩りがキレイなのも、うれしいところ。
葉先が傷みやすいので、
買ってきたらすぐに冷蔵庫に入れて。

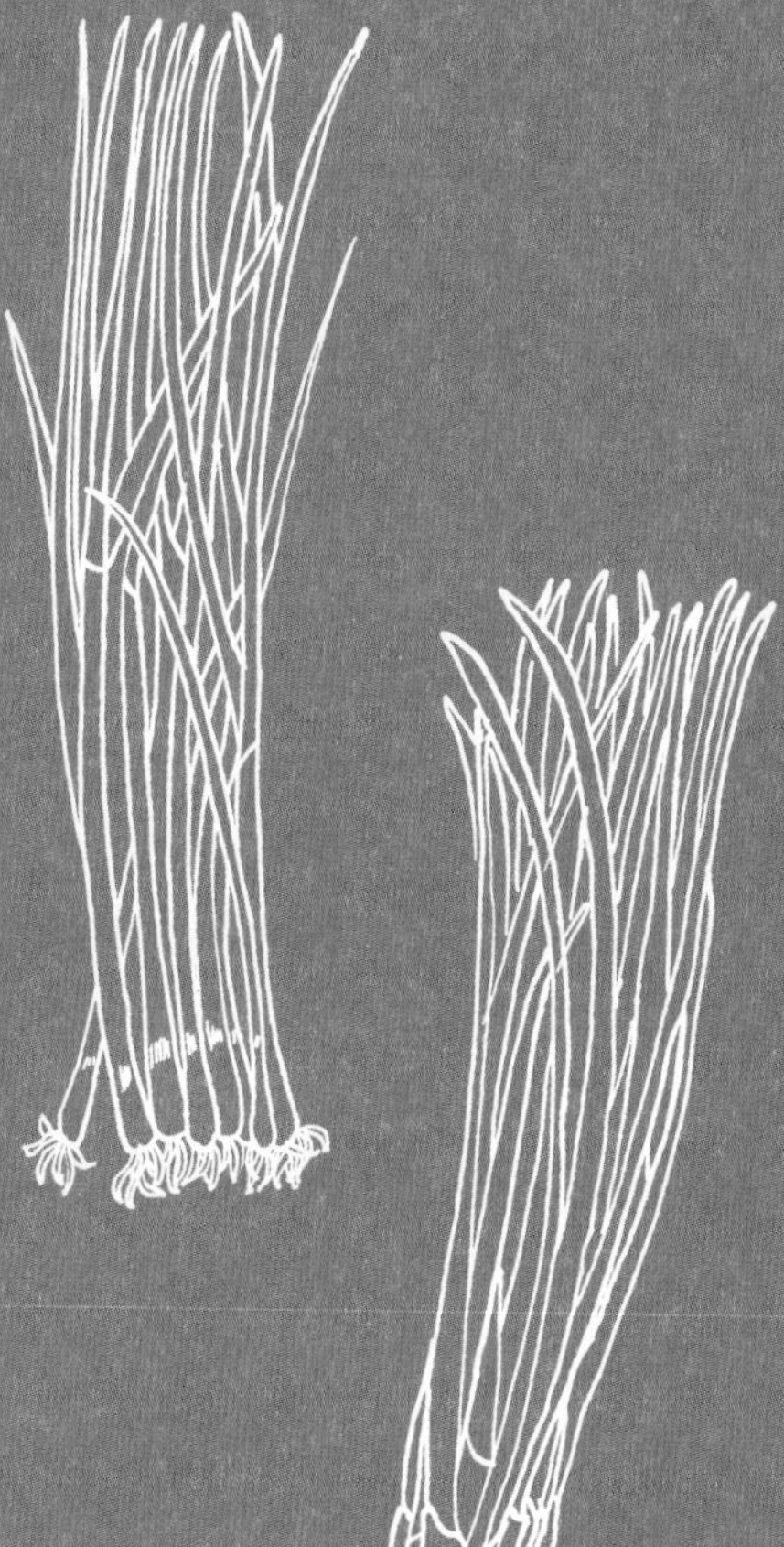

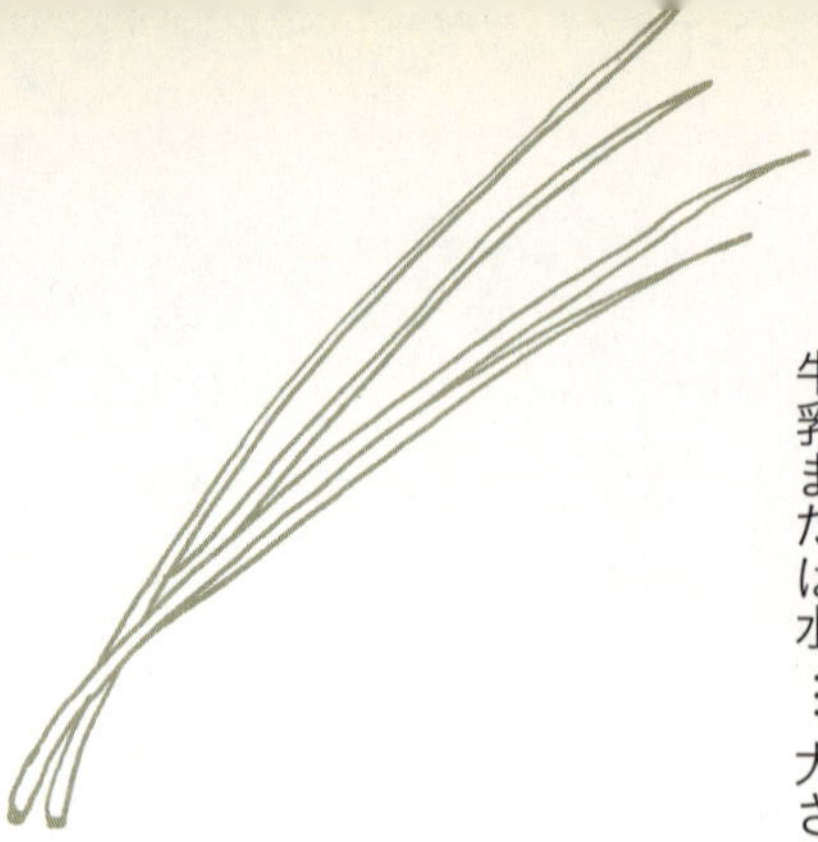

万能ねぎポテサラ

材料（2人分）

万能ねぎ小口切り…6本分
ベーコン…2枚
じゃがいも…2個

マヨネーズ…大さじ2
塩…小さじ¼
黒コショウ…少々
牛乳または水…大さじ2

作り方

1 ベーコンを冷たいフライパンに並べ、弱火で焦げ目が付くまで焼く。紙タオルにのせて余分な脂をとり、キッチンばさみで細切りにする。

2 じゃがいもは皮をむいて2㎝厚さのいちょう切りにする。鍋にじゃがいもを入れ、かぶるくらいの水と塩少々（分量外）を入れて、中火でやわらかくなるまでゆでる。ゆで汁をきってボウルに入れ、熱いうちにつぶす。

3 つぶしたじゃがいもに、万能ねぎ、ベーコン、マヨネーズ、塩、黒コショウを入れて混ぜ、牛乳または水を加えてやわらかさを調節する。

カリカリベーコンは冷たいフライパンから。

カリカリベーコンを作るときは、フライパンが冷たいままでベーコンを並べ、じっくり弱火で焼きましょう。そうするとしっかり脂が抜けてカリカリに。ポテトサラダは冷えるとかたくなるので、少しやわらかめに作っておくのがコツ。牛乳や水を加えて調整します。今回はベーコンを使いましたが、しらすやサクラエビなど塩分のあるものなら何でも。

万能ねぎと豆腐のイタリアンサラダ

材料（2人分）

万能ねぎ小口切り…6本分
トマト…2個
木綿豆腐…½丁
にんにくみじん切り…1片分

オリーブオイル…大さじ2
レモン汁…大さじ1
しょうゆ…小さじ2
塩…小さじ⅓
黒コショウ…少々

作り方

1 トマトは3㎝角に切る。豆腐はたたんだ紙タオルの上に5分ほどのせて水気をきり、一口大に手でちぎる。

2 器にトマト、豆腐、万能ねぎを盛る。

3 フライパンにオリーブオイルとにんにくを入れて弱火にかけ、にんにくにごく薄く色が付いたら、盛った具の上からかける。

4 レモン汁、しょうゆ、塩、黒コショウをかけていただく。

せおメモ

豆腐を使った
少し和風のカプレーゼ。

モッツァレラチーズとトマトで作るカプレーゼを、豆腐を使って少し和風にアレンジ。豆腐は包丁で切るよりも、手で崩したほうが味がよくなじみます。

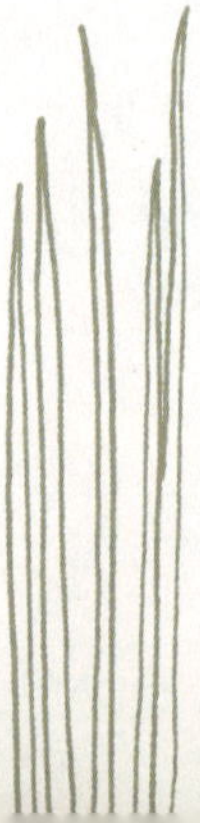

万能ねぎ

万能ねぎとごろごろ長いものサラダ

材料（2人分）

万能ねぎ小口切り…6本分
長いも…20㎝（300g）
カニかまぼこ…2本（50g）

〈ドレッシング〉

オリーブオイル…大さじ2
酢…大さじ1
マヨネーズ…小さじ2
塩…小さじ½
黒コショウ…少々

作り方

1 長いもは皮をむいて、大きめの一口大のいちょう切りにする。カニかまぼこは粗くほぐす。

2 長いもを耐熱容器に入れてラップをかけ、レンジ強（500w）で8分加熱して、粗熱がとれるまでおく。

3 長いもに万能ねぎ、カニかまぼこ、**ドレッシング**の材料を加えて混ぜる。

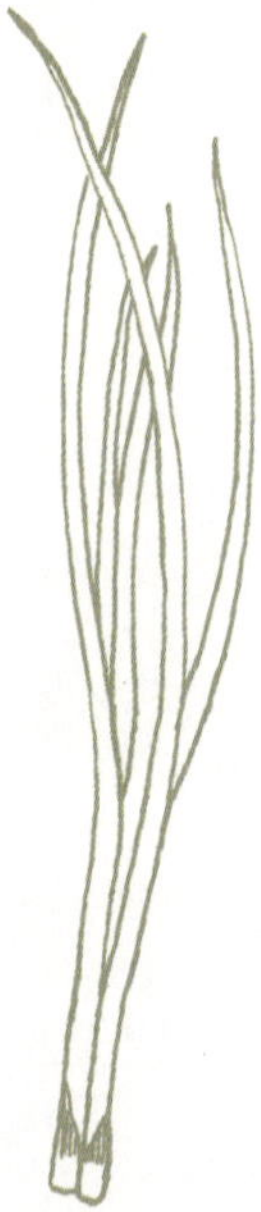

ドレッシングは自分で作りましょう。

市販のドレッシングでもおいしいものはたくさん売っていますが、飽きてしまって使い切れないことも多いのでは？　簡単なので、そのつど家で作ることをおススメします。ドレッシングの基本は油＋酢＋塩分。それぞれ自分の好みで、何を使ってもかまいません。味に自信がないときは、マヨネーズを少しだけ入れるとまとまりがよくなります。

万能ねぎとチーズのドーナツ

材料（2人分）
万能ねぎ小口切り…6本分
薄力粉…200g
ベーキングパウダー…小さじ1
卵…1個
オリーブオイル…大さじ3
牛乳…大さじ3
粉チーズ…大さじ3
砂糖…小さじ2
塩…小さじ½
揚げ油…適量

作り方

1 薄力粉とベーキングパウダーをふるってボウルに入れる。

2 **1**のまん中をくぼませて割りほぐした卵を入れ、その他の材料をすべて加えて、へらで切るように混ぜる。練らないように気を付けて混ぜ、全体がひとまとまりになったら、軽く手でまとめる。

3 台に打ち粉（薄力粉・分量外）をして**2**をのせ、麺棒にも打ち粉をして平たく伸ばす。厚さが5㎜くらいに伸ばせたら、包丁で一口大に切る。

4 揚げ油を160℃に熱し、**3**を入れて表面がキツネ色になり、カリッとするまで揚げる。

＼せおメモ／

甘くないドーナツだから、
おつまみにもぴったり。

甘くないので、おやつと言うよりもおつまみとして食べたいドーナツ。ドーナツだからと言って、丸く型抜きする必要はありません。今回は四角く切りましたが、好きな形に切って揚げましょう。

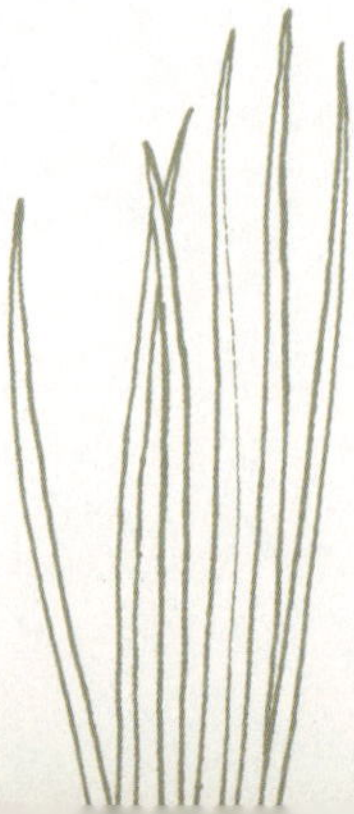

万能ねぎとしょうがのがんもどき

材料（作りやすい分量）
木綿豆腐…1丁
万能ねぎ小口切り…6本分
しょうがみじん切り…大さじ1
しいたけみじん切り…1個分
小麦粉…大さじ1
塩…小さじ½
揚げ油…適量
しょうゆ（好みで）…適量
しょうがすりおろし（好みで）…適量

作り方

1 豆腐はたたんだ紙タオルに10分ほどのせて余分な水気をきる。

2 豆腐をボウルに入れてつぶし、その他の材料を加えてムラなく混ぜ、8等分にして円盤状に形作る。

3 揚げ油を180℃に熱し、**2**をキツネ色になるまで揚げる。そのままか、好みでしょうがじょうゆを付けていただく。

家で作るから味わえる、揚げたてアツアツのがんもどき。

揚げたてのがんもどきって、本当においしいんです。豆腐をつぶし、好きな具材を混ぜて揚げるだけだから、結構カンタン。ハンバーグを形作るときのように、表面をなめらかにまとめると崩れにくくなります。多めに作って、翌日オーブントースターで焼いたり、甘辛く煮てもおいしくいただけます。

万能ねぎとラムのスパイス焼き

材料（2人分）

万能ねぎ…½把
ラム薄切り肉…150g

〈漬け汁〉
しょうがすりおろし…小さじ2
にんにくすりおろし…½片分
プレーンヨーグルト…大さじ3
カレー粉…小さじ1
トマトケチャップ…小さじ1
サラダ油…小さじ1
レモン汁…小さじ½
コショウ…少々

サラダ油…小さじ2
レモン汁（好みで）…適量
コショウ（好みで）…適量

作り方

1 万能ねぎは4㎝に切る。ボウルにラム肉と**漬け汁**の材料を入れて混ぜ、常温で20分ほどおく。

2 フライパンにサラダ油を中火で熱し、ラム肉を漬け汁ごと入れて炒める。

3 肉に火が通ったら万能ねぎを加え、強火でさっと炒め、器に盛る。好みでレモン汁やコショウを振っていただく。

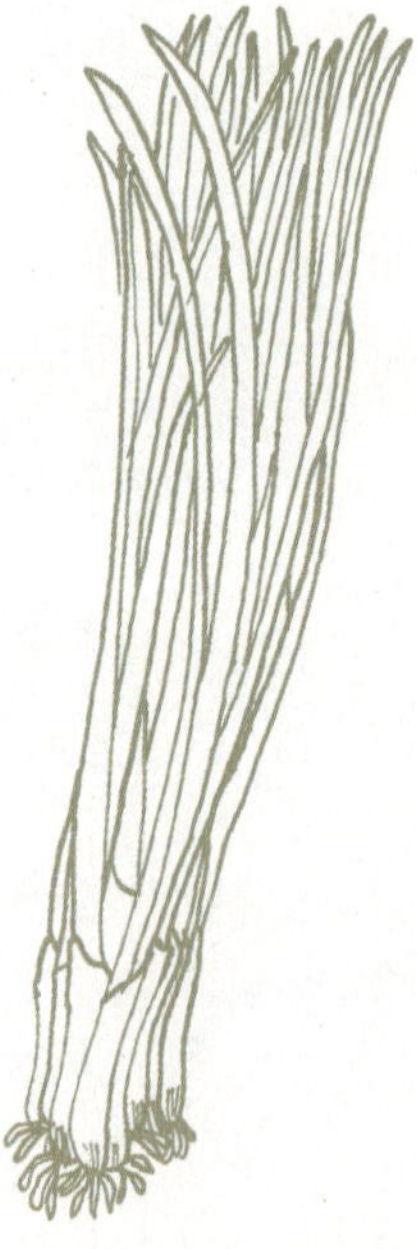

＼せおメモ／

カレー粉とヨーグルトで異国の味。

中東のケバブをイメージした、スパイシーなラムの焼肉です。漬け汁には最低20分、できれば30分くらい漬けておくとしっかり味がしみ込みます。万能ねぎはあまりくたっとしないように、さっと炒めて。

万能ねぎカニ玉

材料（2人分）

万能ねぎ小口切り…6本分
卵…3個
塩、コショウ…各少々
カニかまぼこ…3本

〈甘酢あん〉

酢…大さじ2
砂糖…大さじ2
しょうゆ…大さじ1
片栗粉…小さじ1.5
塩…少々
水…½カップ

サラダ油…小さじ2
飾り用の万能ねぎ斜め薄切り…1本分

作り方

1 卵に塩、コショウ、万能ねぎを加えて混ぜる。カニかまぼこは長さを半分に切ってほぐす。

2 フライパンにサラダ油を中火で熱し、カニかまぼこを軽く炒めてから1の卵液を流し入れる。

3 大きくゆっくりかき混ぜ、表面が半熟になったら鍋ぶたなどを使って裏返し、両面を焼いて、器に取り出す。

4 **甘酢あん**の材料を混ぜてフライパンに入れ、強火でかき混ぜながら、とろみがついて透き通るまで煮る。

5 カニ玉の上にあんを流しかけ、万能ねぎを飾る。

\ せおメモ /

もちろん
ホントのカニを使っても。

カニかまって、すごい発明だと思いませんか？　彩りもよく、おいしいので、私はよく料理に使います。もちろん本物のカニやカニ缶があれば、そちらを使ってくださいね。

チキンねぎロール

材料（2人分）
鶏もも肉…1枚
万能ねぎ…6本
〈たれ〉
しょうゆ…大さじ1
酢…大さじ1
鶏の蒸し汁…大さじ1
ゆずこしょう…少々

作り方

1 鶏肉は観音開きに包丁を入れて厚みを均一にし、割りばし6本を芯にして巻く。

2 ラップでぴったりと巻き、レンジ強（500w）で3分加熱する。鶏肉に火が通ったら、ラップで巻いたまま冷ます。

3 ラップをはずし、形を崩さないように割りばしを抜く。このときラップに残った肉汁をとっておき、**たれ**に使う。

4 鶏肉の長さに合わせて万能ねぎを切り、穴に詰め、食べやすく切る。**たれ**の材料を混ぜて、ゆずこしょうと添え、付けながらいただく。

観音開きで厚みを均一にする

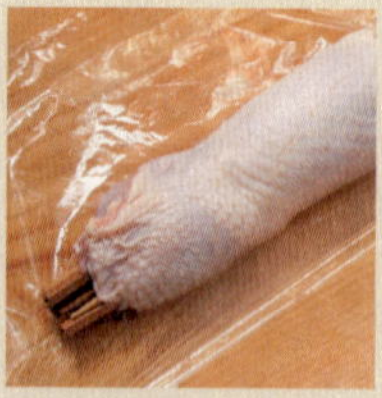
割りばしのスペースに万能ねぎが入る

鶏肉は観音開きにして厚みを均一にすると上手に巻けます。
鶏肉は場所によって厚みがまちまち。厚い部分には切り込みを入れて、厚さを均一に整えるときれいに巻けます。中に入れた割りばしのスペースの分だけ万能ねぎが入れられるので、鶏肉の大きさによって、また、好みで本数を調整してください。

万能ねぎと豆腐のハンバーグ

材料(2人分)

〈ハンバーグのたね〉
万能ねぎ小口切り…10本分
合いびき肉…200g
木綿豆腐…¼丁
片栗粉…小さじ2
塩、コショウ…各少々
サラダ油…小さじ1½
トマト…1個
パセリ(あれば)…少々

〈ソース〉
トマトケチャップ…大さじ4
中濃ソース…大さじ4
しょうゆ…小さじ1

作り方

1 ボウルに**ハンバーグのたね**の材料を入れてムラなく混ぜ、4等分にして円盤状に形作る。

2 フライパンにサラダ油を中火で熱し、ハンバーグを並べる。

3 片面に焼き目が付いたら裏返し、ふたをして2分くらい焼く。中央がふっくら膨らんだら焼き上がり。

4 食べやすく切ったトマトと盛り合わせ、あればパセリを添える。**ソース**の材料を混ぜ合わせてかける。

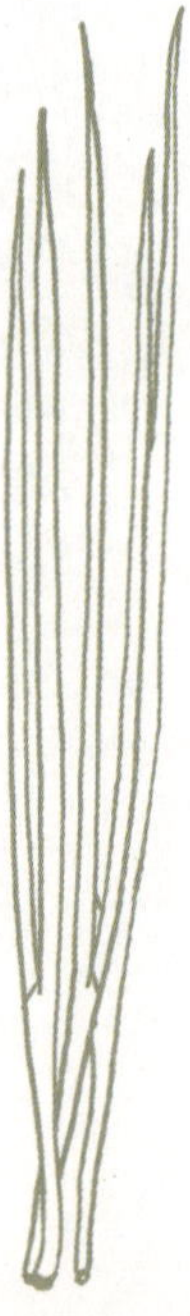

\せおメモ/

とにかく万能ねぎをたっぷり入れて。

万能ねぎは長ねぎに比べて存在感が薄いので、たっぷり入れましょう。豆腐を使えば、つなぎの卵やパン粉がいりません。今回は洋風のソースですが、水気をきった大根おろしとポン酢を合わせた和風もおススメ。

鮭のねぎみそはさみ焼き

材料（2人分）

サーモン刺身用サク…120g
ズッキーニ…1本

〈ねぎみそ〉
万能ねぎ小口切り…3本分
みそ…大さじ2
かつお節…小袋½パック（1g）

バター…大さじ1
塩、コショウ…各少々

作り方

1 鮭は2㎝弱の厚さに切って、間に切れ目を入れる。ズッキーニは輪切りにする。

2 **ねぎみそ**の材料を混ぜ、鮭の切れ目にはさむ。

3 フライパンにバターを中火で溶かし、鮭、ズッキーニを並べて両面がこんがりとなるまで焼く。ズッキーニには塩、コショウを振る。

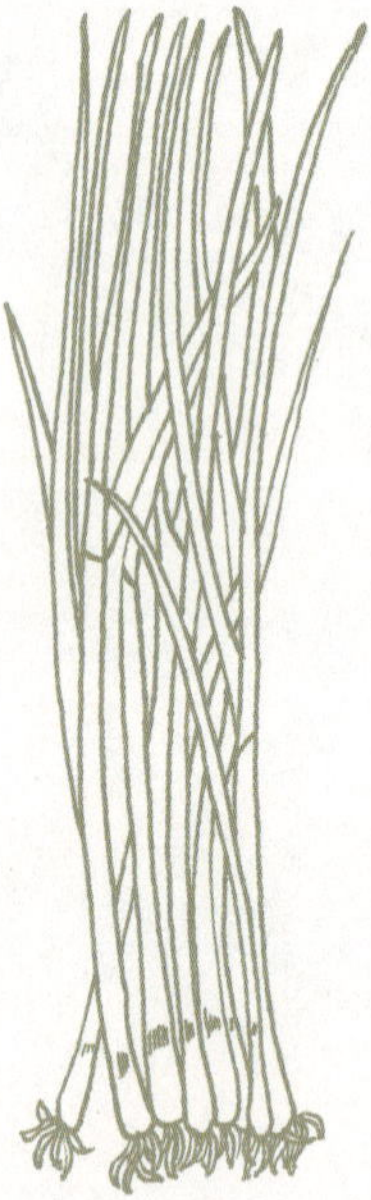

\ せおメモ /

鮭サクはお刺身以外にも大活躍。

サーモン刺身用サクはお刺身として切って食べるだけでなく、焼いたり揚げたりと大活躍。骨がないので子供でも安心して食べられます。リーズナブルなのも鮭サクの魅力です。

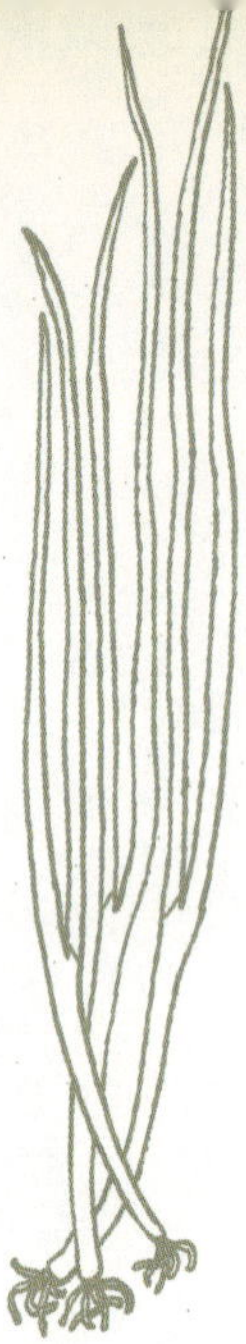

たっぷり万能ねぎのあら汁

材料（2～3人分）

白身魚のあら…400g
水…3カップ
酒…1カップ
薄口しょうゆ…大さじ2
塩…少々
万能ねぎ小口切り…4本分

作り方

1 鍋にたっぷりの湯（分量外）を沸かし、魚のあらを入れる。表面の色が変わったら冷水にとり、うろこや血などを丁寧にとる。

2 鍋にあら、水、酒を入れて中火で煮立て、10分煮る。

3 薄口しょうゆ、塩で味を付け、器に盛って万能ねぎをたっぷり入れる。

＼せおメモ／

魚の旨みだけを味わう
贅沢バージョンもあり。

今回は魚のあらもいただきますが、一度こして汁だけにして、旨みだけを味わう贅沢な作り方もあります。その場合は、多少うろこが残っていても大丈夫。あらは長く煮たほうが、よいだしが出ます。

ねぎラー油和えめん

材料（1人分）

万能ねぎ小口切り…4本分
中華生めん（太め）…1玉
食べるラー油…小さじ2
ごま油…小さじ1
塩、コショウ、酢（好みで）…各適量

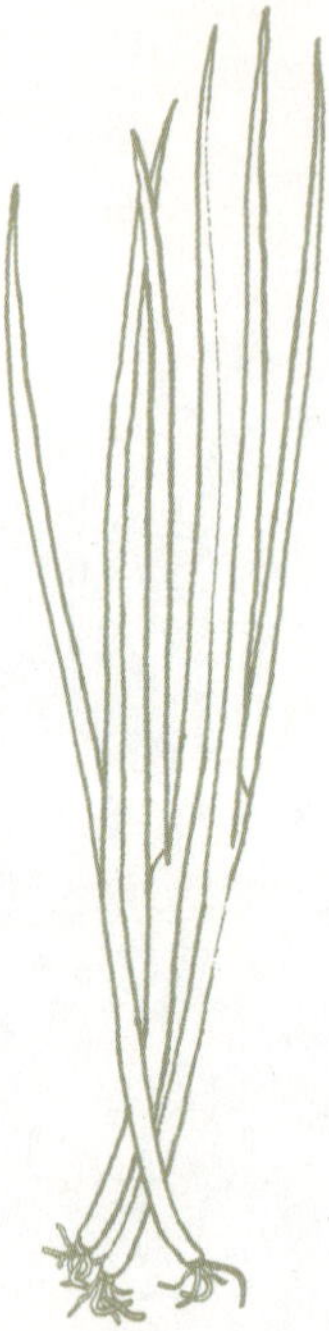

作り方

1 中華めんはたっぷりの湯で好みのかたさにゆで、器に入れる。

2 めんに食べるラー油とごま油をからめ、万能ねぎをのせる。

3 好みで、塩、コショウ、酢などを加え、熱いうちに全体をよく混ぜていただく。

\せおメモ/

“食べるラー油”はとっても便利。

市販の食べるラー油は塩分も入っていて旨みもたっぷりなので、これだけで味付けができるとっても便利な調味料。私は具がたくさん入った、油が少なめのものを使っています。

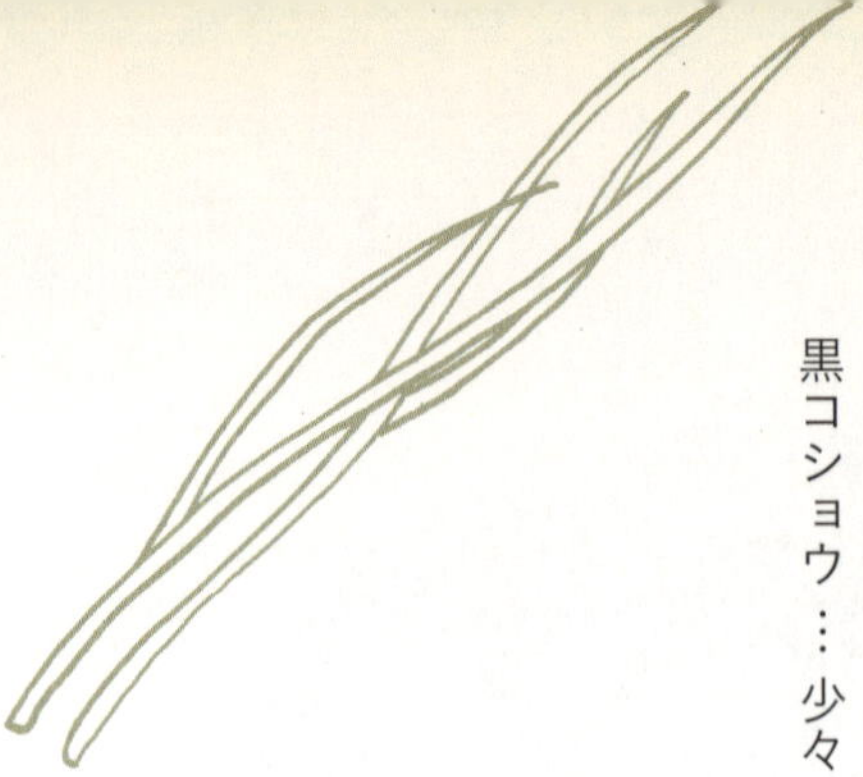

万能ねぎと塩辛のスパゲティ

材料（1人分）

万能ねぎ…9本
スパゲティ（1.6mm）…100g
にんにくみじん切り…1片分
イカの塩辛…大さじ山盛り2
バターまたはオリーブオイル…大さじ1
黒コショウ…少々

作り方

1 万能ねぎは6本を3cmに、3本を小口切りにする。スパゲティは2ℓの湯に20gの塩（分量外）を入れ、好みのかたさにゆでる。

2 フライパンににんにくとバター、またはオリーブオイルを入れて弱めの中火で熱し、香りが出るまで焦がさないように炒める。3cmに切った万能ねぎ、塩辛を入れて混ぜ、火を止める。

3 スパゲティがゆであがったら、ゆで汁をざっときり、**2**のフライパンに入れて和える。

4 器に盛り、小口切りにした万能ねぎをのせ、黒コショウを振る。

スパゲティは1%の塩を入れてゆでる。

スパゲティをゆでるときの塩の量は、湯に対して1%。たっぷりの湯でゆでようと思うと大体2ℓは使うので、塩の量は20gになります。20gの塩はかなりの量。“ひとつまみ”や“少々”の量ではありません。一度ちゃんと計って、目で見て確認してみましょう。パスタはうどんやそうめんと違い、製造過程で塩が使われていないので、ゆでるときにしっかり塩味を付けます。ソースの味付けにもこのゆで汁を使うと、まろやかな味に。

ねぎたっぷりエスニックそうめん

材料（1人分）
万能ねぎ…4本
そうめん…2束（100g）
さつま揚げ
…小ぶりのもの1枚
レモン薄切り…2枚
パプリカ（あれば）…少々
〈スープ〉
水…2.5カップ
顆粒鶏スープの素…小さじ1
しょっつる（なければ薄口しょうゆ）
…小さじ1
黒コショウ…少々

作り方

1 万能ねぎは3cmに切る。そうめんはかためにゆで、ゆで汁をきる。

2 鍋に**スープ**の材料を入れて中火で煮立たせ、そうめんとさつま揚げを入れてあたためる。

3 器に盛って万能ねぎ、レモン、あればパプリカを細切りにしてのせ、黒コショウを振る。

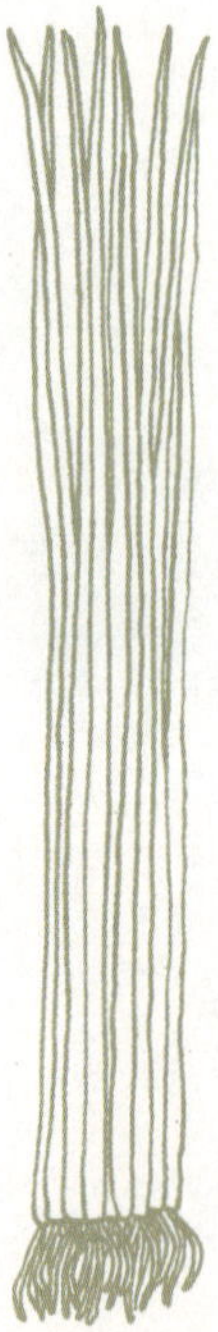

せおメモ

しょっつるは上等なナンプラー。

タイのナンプラーやベトナムのニョクマムなど、アジアでは魚醤と呼ばれる魚から作った調味料がよく使われます。中でも日本のしょっつるはとっても上等な魚醤。1本持っておくと、和食だけでなくエスニック料理にも使えて便利です。

ねぎチャーシューの中華風サンドイッチ

材料（2個分）

万能ねぎ小口切り… 6本分
市販のチャーシュー… 80g
食べるラー油… 小さじ2
マヨネーズ… 小さじ2
ドッグパン… 2個

作り方

1 チャーシューは細切りにし、万能ねぎ、食べるラー油、マヨネーズと和える。

2 ドッグパンは縦に切れ目を入れて開き、油をひかないフライパンに切った中面をぴったりとくっつけて、中火で少しカリッとするまで焼く。

3 焼いたパンに、1をはさむ。

＼せおメモ／

ちょっと懐かしいドッグパンを使ったサンドイッチ。

ドッグパンって少し懐かしい感じがしませんか？　真ん中を切って具をはさむだけでいいので、ドッグパンのサンドイッチはとってもラクちん。マヨネーズを使うと具のまとまりがよくなってはさみやすくなります。

万能ねぎとコンビーフのサンドイッチ

材料（1人分）

〈コンビーフパテ〉

（作りやすい分量）

脂の少ないコンビーフ…1缶（80g）

万能ねぎ小口切り…8本分

裏ごしカッテージチーズ…100g

塩、コショウ…各少々

トマト薄切り…5mm厚さ4枚

サンドイッチ用パン…4枚

作り方

1 コンビーフは室温でやわらかくしておく。**コンビーフパテ**の材料を全部混ぜる。

2 トマトは紙タオルではさんで余分な水分をとる。

3 合わせる両方のパンにコンビーフパテを塗り、トマトをはさんで食べやすく切る。

お弁当に持っていくときはバターも塗って。

サンドイッチを作るときに注意しなくてはいけないのは、具の水分がパンにしみてしまうこと。トマトは紙タオルではさんで余分な水分をとりましょう。お弁当にするなら、パテを塗る前にバターを塗って、トマトの種も取り除きます。コンビーフのパテは冷蔵庫で1週間くらい保存できます。クラッカーにのせればオードブルにも。万能ねぎがたっぷり入ると、コンビーフとチーズといった少し重めの具も食べ飽きません。

万能ねぎとローストビーフのタコス

材料（2人分）

ローストビーフ…150g

〈サルサソース〉

万能ねぎ小口切り…10本分

トマト…大きめ½個

にんにくみじん切り…1片分

塩…小さじ½

コショウ…少々

青唐辛子みじん切り（なければ一味唐辛子）…少々

餃子の皮（厚めのもの）…8枚

黒コショウ（好みで）…少々

作り方

1 トマトは1cm角に切る。**サルサソース**の材料を混ぜておく。

2 ローストビーフは短冊に切る。

3 フライパンを中火で熱し、油をひかずに餃子の皮を並べ、両面に焼き目が付くくらいに焼く。

4 3にローストビーフをのせ、サルサソースをかける。好みで黒コショウを振っていただく。

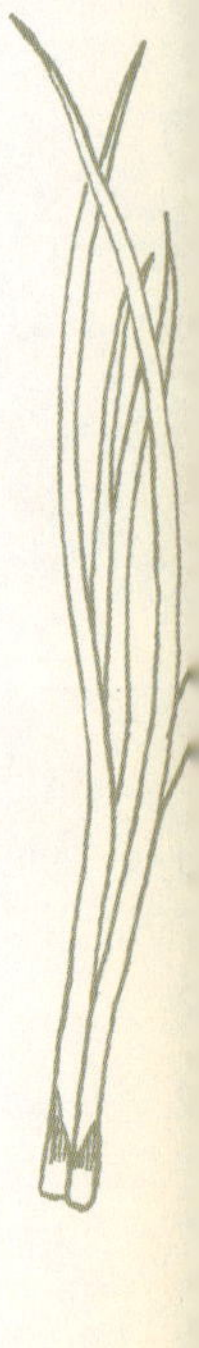

餃子の皮を使うと、
タコスが気軽につまめるおつまみに。

本来タコスはしっかりとした食事ですが、餃子の皮を使って小さく作れば、軽めのおつまみやおやつになります。あっという間に焼けるのもうれしいところ。ぷくぷくっと膨らんで焼き目が付いたら焼けた合図。パーティメニューなら、ホットプレートにたくさん並べて好きなものをのせて食べるのも楽しいかも。油をひかずに焼けばトルティーヤ、油をひいて焼けばインドのチャパティのような食感に。

ねぎチヂミ

材料（2人分）

万能ねぎ小口切り…8本分
白菜キムチ…50g
じゃがいも…2個
卵…1個
小麦粉…大さじ2
ごま油…少々
ポン酢またはしょうゆ…適量

作り方

1 キムチはざく切りにする。

2 じゃがいもは皮をむいてすりおろし、万能ねぎ、卵、小麦粉を混ぜる。

3 フライパンを中火で熱し、ごま油を薄くひいて**2**のたねを直径10㎝くらいに流し入れ、キムチをのせる。

4 両面に焼き目が付くまで焼き、ポン酢かしょうゆでいただく。

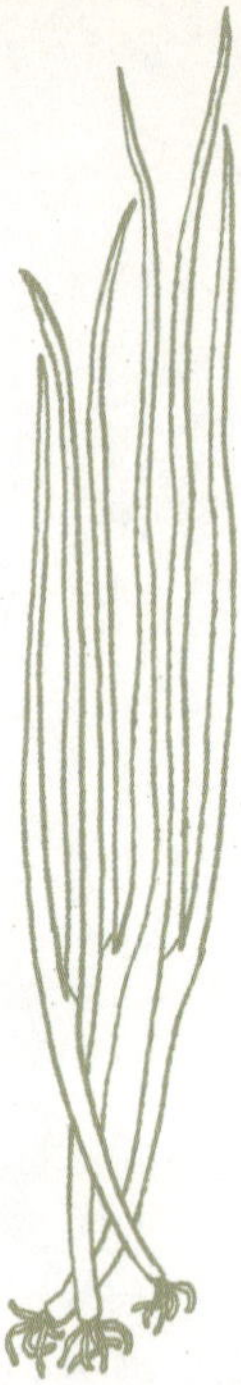

やわらかい生地なので小さく焼いて。

チヂミには緑豆の粉を使ったもの、小麦粉を使ったものなどいろいろな種類があります。今回はじゃがいもをメインに小麦粉を加えました。じゃがいもが入った生地はやわらかいので、小さく焼くほうが返しやすくなります。これは他の料理にも言えることですが、何でも手におえる大きさで作るのが失敗しないコツ。ハンバーグやメンチなど、自分で大きさを決められるものは、自分が作りやすい大きさで作りましょう。

ねぎ鶏クッパ

材料（2人分）

万能ねぎ…6本
鶏もも肉…½枚
ご飯…軽く2杯
卵…1個
水…3カップ
顆粒鶏スープの素…小さじ1
塩…小さじ⅓
コショウ…少々
ごま油…小さじ2
黒コショウ（好みで）…少々

作り方

1 万能ねぎは2.5㎝の斜め切りに、鶏肉は3㎝角に切る。

2 鍋に水、鶏肉、顆粒鶏スープの素を入れて中火で煮立て、弱火にして鶏肉がやわらかくなるまで10分ほど煮る。

3 塩、コショウで味を付け、ご飯を入れて強火にし、割りほぐした卵を流し入れる。

4 卵が煮えたら火を止め、器に入れて万能ねぎをのせ、ごま油をかける。好みで黒コショウを振っていただく。

せおメモ

元気のないときや、朝ごはんに。

クッパは煮込まない汁かけ飯。冷たいご飯ならご飯があたたまればできあがり。あたたかいご飯なら、汁をかけて食べてもOK。体が水分を欲している朝や、少し体調が悪いときにぴったりのメニューです。

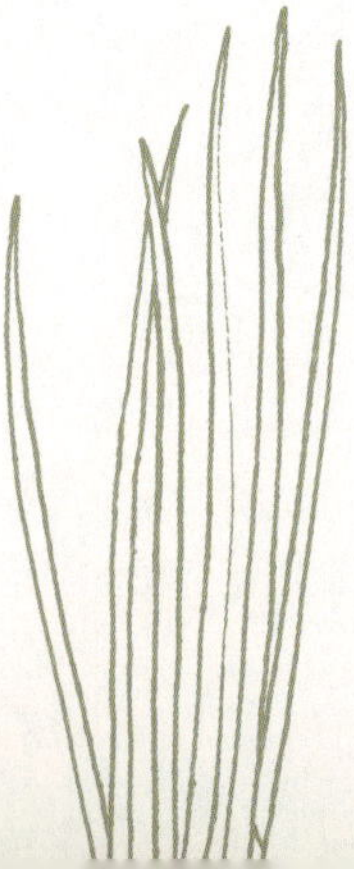

万能ねぎと鮭のちらし寿司

材料（3〜4人分）

万能ねぎ小口切り…8本分
塩鮭…2切れ
プロセスチーズ…80g
白いりごま…大さじ4
かために炊いたご飯…2合分

〈すし酢〉

酢…大さじ4
砂糖…大さじ2
塩…小さじ⅔

作り方

1 塩鮭は焼いて骨と皮をとり、粗くほぐす。プロセスチーズは5㎜角に切る。**すし酢**の材料を混ぜておく。

2 かために炊いたご飯に、熱いうちにすし酢を回しかけ、しゃもじで切るように混ぜて人肌に冷ます。

3 万能ねぎ、ほぐした塩鮭、プロセスチーズ、いりごまを混ぜて器に盛り、上からいりごま（分量外）を散らす。

自家製鮭フレークを作ろう。

塩鮭は生のままよりも、焼いてしまったほうが日持ちします。自家製鮭フレークは、作っておくととっても便利。おにぎりの具やお茶漬け、チャーハンなどに重宝します。焼いて皮と骨をとってほぐし、密閉容器で保存しましょう。保存期間は冷蔵庫で約2週間。鮭は熱いうちのほうが骨から身がはがれやすいので、焼いたらすぐほぐして。

玉ねぎ いただきます。

玉ねぎほど、出番の多い野菜はないかも。
和・洋・中、どんな料理にも大活躍。
私の台所でも、玉ねぎだけは
切らすことがありません。
新玉ねぎのおいしさは、また格別。
半分に割ったときの、
みずみずしい真っ白な切り口を見ると、
うれしくなってしまいます。

丸ごと玉ねぎのオーブン焼き

材料（2人分）

玉ねぎ… 小さめ2個

オリーブオイル、塩、コショウ… 各適量

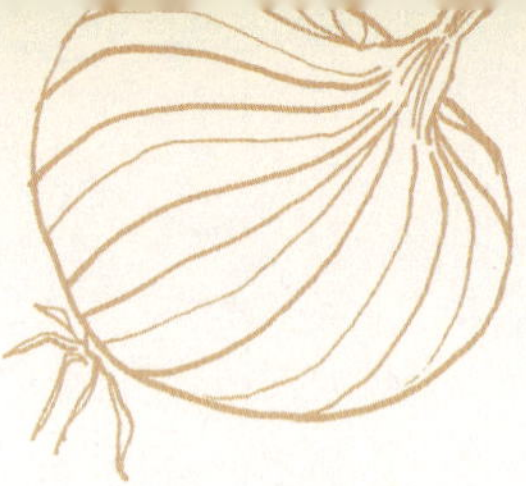

作り方

1 玉ねぎは皮をむかずに丸ごと200℃のオーブンに入れ、30分焼く。

2 食べやすい大きさに切り、焦げた皮を取り除いて、オリーブオイル、塩、コショウをかけていただく。

＼せおメモ／

玉ねぎのおいしさを
ストレートに味わう丸ごと焼き。

玉ねぎを皮もむかずに、そのまま丸焼きにしただけのシンプル料理。シンプルだから玉ねぎのおいしさがストレートに味わえます。好みでバルサミコ酢をかけても。

玉ねぎフライ

材料（2人分）

玉ねぎ…1個

〈衣1〉

天ぷら粉…1カップ

水…1カップ弱

〈衣2〉

パン粉…適量

揚げ油…適量

粉チーズ、マスタード、トマトケチャップ、玉ねぎマヨネーズ（168ページ）など（好みで）…各適量

作り方

1 玉ねぎは1cm厚さの輪切りにし、バラバラにならないように楊枝で刺してとめる。

2 **衣1**の材料を混ぜ、楊枝を持って玉ねぎをくぐらせ、**衣2**のパン粉をまぶす。

3 揚げ油を170℃に熱し、キツネ色になるまで揚げる。

4 好みの調味料でいただく。

フライは天ぷら粉を使ってひと手間省く。

フライの衣と言えば「小麦粉→卵→パン粉」が定番ですが、私は「天ぷら粉を水で溶いたもの→パン粉」をおススメします。ひと手間減らせるだけでなく、小麦粉＋卵よりもしっかりコーティングしてくれるので、中の水分や旨みを逃しません。外はカリッと、中はジューシーに仕上がります。

玉ねぎと青海苔のかき揚げ

材料（2人分）

玉ねぎ…1個
青海苔…大さじ1
天ぷら粉…⅔カップ
水…大さじ3〜4
揚げ油…適量
レモン、塩、天つゆなど（好みで）…各適量

作り方

1 玉ねぎは1cm幅のくし形に切り、長さを半分に切る。

2 ボウルに玉ねぎ、青海苔、天ぷら粉を入れて混ぜる。

3 水大さじ3を加えて混ぜ、粉っぽさが残るようなら少し水を足し、具がまとまる状態にする。

4 揚げ油を160℃に熱し、**3**をスプーンですくって入れ、カリッとするまで揚げる。

5 レモン、塩、天つゆなど、好みの調味料でいただく。

粉をまぶしてから少しずつ水を加えて

このくらいのかためのまとまり感で

かき揚げは衣をかために。

天ぷらの中でも難易度の高いかき揚げですが、衣をかためにすれば油の中でバラバラになりません。最初に衣を作ると、どうしてもゆるくなりがちなので、まずは粉をまぶし、様子を見ながら少しずつ水を加えます。サクラエビやサキイカなど、青海苔のほか家にある乾物でOK。

玉ねぎのカレーピクルス

材料（作りやすい分量）

玉ねぎ…1個
プチトマト…6個

〈ピクルス液〉

酢…1カップ
水…1カップ
砂糖…1/3カップ
カレー粉…小さじ1
塩…小さじ1
ローリエ…1枚

作り方

1 玉ねぎは1.5㎝幅のくし形に切り、長さを半分に切る。プチトマトはへたをとり、楊枝で数カ所穴をあける。

2 **ピクルス液**の材料を混ぜ合わせ、玉ねぎとプチトマトを漬け、1日おいてからいただく。保存期間は冷蔵庫で2カ月。

＼せおメモ／

やわらかくなってしまうトマトは先に食べて。

ほんのりカレーの香りのするピクルス。トマトは楊枝で穴をあけると、しっかり中まで味がしみ込みます。冷蔵庫で2カ月くらい保存できますが、トマトはやわらかくなってしまうので、1週間ほどで食べてしまいましょう。

玉ねぎアメリカンドッグ

材料（作りやすい分量）
玉ねぎ…小さめ1個
ウインナーソーセージ…6本

〈衣〉
ホットケーキミックス…適量
卵…1個
牛乳…適量

揚げ油…適量
トマトケチャップ、マスタード…各適量

作り方

1 玉ねぎはくし形に切り、長さを半分に切る。ウインナーは長さを半分に切る。玉ねぎ、ウインナーをそれぞれ竹串に刺す。

2 ホットケーキミックスはそれぞれのメーカーの作り方にしたがって、卵と牛乳を混ぜて**衣**を作る。

3 揚げ油を160℃に熱し、1の竹串を持って衣にくぐらせ、キツネ色になるまで揚げる。

4 トマトケチャップ、マスタードをかけていただく。

玉ねぎは横に、ウインナーは縦に竹串を刺す

焦げやすいので、低い温度でじっくりと。
ホットケーキミックスは糖分が入っていて焦げやすいので、低い温度でじっくりと揚げて、中の玉ねぎに火を通しましょう。卵や牛乳の分量は各メーカーが指定する、ホットケーキを作るときと同じ分量で。卵1個を基本に粉と牛乳の量を調整して。

玉ねぎ納豆

材料（2人分）

玉ねぎ…¼個

納豆…小2パック

納豆のたれまたはしょうゆ…適量

作り方

1 玉ねぎはみじん切りにする。

2 納豆にたれ、またはしょうゆを加え、糸を引くまで十分に混ぜる。

3 玉ねぎを加えて混ぜ、のりで巻いたり、ご飯にかけていただく。

玉ねぎを加えるのは、納豆をしっかり混ぜてから。

玉ねぎは長ねぎに比べて辛みが少ないので、たくさん入れても大丈夫。玉ねぎを入れてからだと混ぜにくくなるので、玉ねぎを加えるのは納豆がいっぱい糸を引くまで混ぜてから。辛みが気になる場合は、玉ねぎを入れて混ぜてからしばらくおいておくと、しょうゆの塩分で辛みが消えます。

玉ねぎキツネ焼き

材料（2人分）

玉ねぎみじん切り…½個分

かつお節…小袋½パック（1g）

みそ…大さじ1

油揚げ…1枚

作り方

1 玉ねぎ、かつお節、みそを混ぜる。

2 油揚げは紙タオルにはさんで強く押し、余分な油をとる。半分に切ってやぶらないように中を開く。

3 油揚げに1を詰め、オーブントースター（700w）で10分焼く。

\せおメモ/

この料理には
オーブントースターがおススメ。

玉ねぎ½個はみじん切りにすると結構な量ですが、このくらい入れないとおいしくありません。フライパンだとなかなか火が通らず、グリルだと焦げやすいので、この料理にはオーブントースターが一番。

スライス玉ねぎとサーモンのサラダ

材料（2人分）
玉ねぎ… ½個
サーモン刺身用サク…120g
万能ねぎ小口切り… 2本分
〈ドレッシング〉
オリーブオイル…大さじ1
マヨネーズ…大さじ1
塩、コショウ…各少々
黒コショウ（好みで）…少々

作り方

1 玉ねぎは薄切りにし、塩小さじ¼（分量外）を振って軽くもみ、しんなりしたら水気を絞る。

2 サーモンは薄切りにする。

3 ボウルに**1**、**2**と万能ねぎ、**ドレッシング**の材料を入れて和え、器に盛る。好みで黒コショウを振る。

\せおメモ/

ここでも鮭サクが活躍！

94ページでもお話しましたが、鮭サクはサラダにもぴったり。スモークサーモンにはシャキシャキ玉ねぎが合いますが、ここでは生のサーモンの味とやわらかさを生かすように、玉ねぎは塩もみしてしんなりさせました。

温玉のせ オニオンスライス

材料（2人分）

玉ねぎ…大きめ½個
万能ねぎ小口切り…1本分
かつお節…小袋1パック（2g）
温泉卵…2個
しょうゆ…適量
オリーブオイルまたはごま油（好みで）…少々

作り方

1 玉ねぎは薄切りにして水にさらし、透明感が出たら水気をきる。

2 玉ねぎ、万能ねぎ、かつお節を混ぜて器に盛り、温泉卵をのせる。

3 しょうゆをかけて全体に混ぜ、好みでオリーブオイルかごま油をかけていただく。

繊維に沿って

繊維と直角

玉ねぎは切り方で食感が変わります。

繊維に沿って縦に切ればシャキシャキに、繊維と直角に切れば調味料や他の具材となじみやすく。玉ねぎは切る方向によって食感が変わります。料理や好みによって、切り方を選びましょう。温玉の代わりに生卵の黄味だけのせてもOK。

玉ねぎと卵のマカロニサラダ

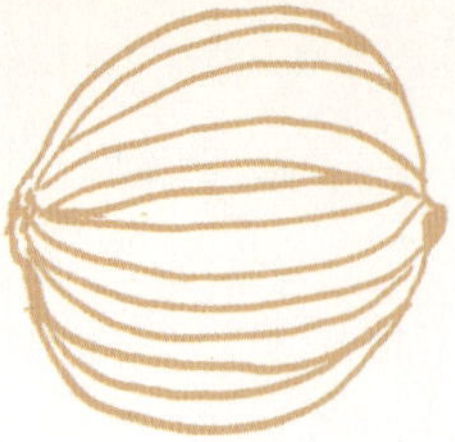

材料（2人分）

マカロニ…100g
卵…3個
玉ねぎ…1/4個
万能ねぎ小口切り…8本分
マヨネーズ…大さじ5
塩、黒コショウ…各少々

作り方

1 マカロニは規定の倍の時間ゆで、ゆで汁をきってオリーブオイル小さじ1（分量外）を混ぜておく。

2 卵はかたゆでにし、殻をむいてざっくりと刻む。

3 玉ねぎは薄切りにして、マヨネーズと混ぜ5分おく。

4 3にマカロニ、卵、万能ねぎを混ぜ、塩、黒コショウで味を調える。

マカロニは勇気をもって倍の時間ゆでる。

マカロニサラダを作って時間がたつと、マヨネーズが見えなくなってしまっていたこと、ありませんか？　これはマカロニがマヨネーズを吸ってしまうから。マカロニが十分水分を吸った状態で和えれば、必要以上にマヨネーズを吸いません。マカロニサラダを作るときは、規定の倍の時間でやわらかくゆでるのがおススメです。

玉じゃが

材料（2人分）

玉ねぎ…1個

じゃがいも…大きめ2個（400g）

しょうゆ…大さじ3

砂糖…大さじ1.5

作り方

1 玉ねぎは1cm幅のくし形に切り、ほぐす。じゃがいもは皮をむいて大きめの一口大に切る。

2 鍋に**1**としょうゆ、砂糖を入れ、ひたひたになるまで水を加え、強めの中火で煮立てる。

3 あくが出たらとり、強めの中火のまま、煮汁が鍋底から2cmくらいになるまで煮る。

4 火を止めて上下を返し、数分おいて具に煮汁を吸わせ、もう一度煮立たせてできあがり。

煮物は火を止めてから数分おいて。

“煮物は冷めるときに味がしみる”と言われるのは、冷めていく段階で、具材が煮汁を吸うため。煮あがった時点では具の表面にしか味が付いていないので、数分おいて中まで味をしみ込ませましょう。肉がなくても十分おいしい玉じゃがができあがります。

新玉ねぎと牛肉の炒め物

材料（2人分）

新玉ねぎ
…小さめ2個（300g）
牛こま切れ肉…150g
サラダ油…大さじ1
しょうゆ…大さじ2.5
砂糖…大さじ1弱
七味唐辛子…少々

作り方

1 玉ねぎは1cm幅のくし形に切り、ほぐす。

2 フライパンにサラダ油を中火で熱し、玉ねぎをしんなりするまで、3分ほど炒める。

3 玉ねぎを片側に寄せ、空いたところで牛肉をさっと炒め、色が変わってきたら全体を炒め合わせる。

4 しょうゆ、砂糖を加え、強火で水気がなくなるまで炒める。

5 器に盛り、七味唐辛子を振る。

せおメモ

ぜひ、新玉ねぎの
シーズンに作って。

新玉ねぎは生のままでもおいしいですが、火を通すと甘みがさらに増します。火の通りも早いので、実は炒め物向き。新玉ねぎのシーズンに、ぜひ一度作ってみて。

新玉ねぎとカツオのたたき

材料（2人分）

新玉ねぎ…1個
カツオ刺身用…¼尾
みょうが薄切り…2個分
万能ねぎ小口切り…4本分
酢…大さじ2
しょうゆ…大さじ2
しょうがすりおろし…小さじ2
にんにくすりおろし…小さじ2

作り方

1 玉ねぎは薄切りにして水にさらし、透明感が出たら水気をきる。

2 カツオは食べやすい厚さに切る。

3 皿に玉ねぎとみょうがを盛り、カツオをのせ、万能ねぎを散らす。

4 酢としょうゆを混ぜてかけ、しょうがのすりおろしとにんにくのすりおろしを添える。

せおメモ

玉ねぎはカツオと同量くらいどっさり使います。

新玉ねぎの甘さとさわやかさが、カツオをさらにおいしくしてくれます。だから使う分量もカツオと同じくらいどっさり。ひね玉ねぎならしっかり水にさらして辛みを抜きましょう。

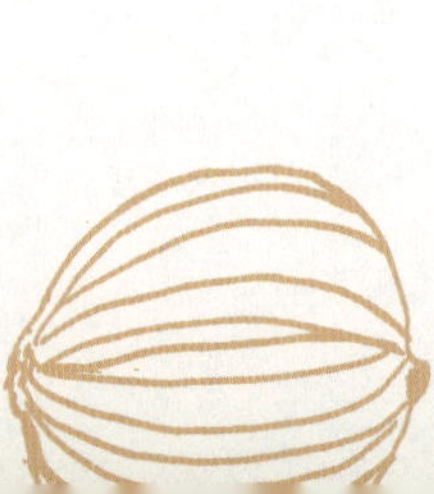

玉ねぎマリネチキンステーキ

材料（2人分）

玉ねぎ…1個
鶏もも肉…1枚
にんにく薄切り…1片分

〈マリネ液〉
プレーンヨーグルト…大さじ2
塩…小さじ½
黒コショウ…少々

オリーブオイル…小さじ2
レモン、イタリアンパセリ（あれば）…各少々

作り方

1 玉ねぎは薄切り、鶏肉は観音開きにして厚みを均一にしてから半分に切る。ポリ袋に鶏肉、玉ねぎ、**マリネ液**を入れて混ぜ、一晩冷蔵庫でおく。

2 フライパンにオリーブオイル、にんにくを入れて弱火にかけ、キツネ色になるまで焼いて取り出す。

3 鶏肉を皮を下にしてフライパンに入れ、中火で焼く。空いている場所に玉ねぎを入れ、炒める。

4 皮に焦げ目が付いたら裏返し、火が通るまで焼く。玉ねぎはときどき混ぜ、十分やわらかくなったらにんにくを戻して炒め合わせる。

5 器に盛り、あればレモン、イタリアンパセリを添える。

マリネにするといいことがいっぱい。

肉をマリネしておくと、味がしみるだけでなく、肉質がやわらかくなります。また冷蔵庫で1週間ほど保存もできるので、マリネはいいことがいっぱいです。ヨーグルトは熱を通すとサラサラになり、酸味もほとんど残りません。鶏肉を焼くときは皮を下にして木ぶたなどでギュッと押さえると、皮がパリッと仕上がります。

玉ねぎの肉詰め煮込み

材料（2人分）

玉ねぎ … 小さめ4個

〈詰めもの〉

くりぬいた玉ねぎのみじん切り … 大さじ2

合いびき肉 … 50g

ご飯 … 30g

カレー粉 … 小さじ½

塩、コショウ … 各少々

固形コンソメスープの素 … 1個

塩、コショウ … 各適量

黒コショウ（好みで） … 少々

作り方

1 玉ねぎは皮をむいて根を切り落とし、スプーンで中を深くくり抜く。くり抜いた玉ねぎはみじん切りにする。

2 **詰めもの**の材料をよく混ぜ、玉ねぎにたっぷり詰める。

3 玉ねぎ4個がちょうど入る鍋に、玉ねぎ、残った玉ねぎのみじん切り、固形スープの素を入れ、かぶるくらいの水を加えて強火で煮立てる。

4 煮立ったら落としぶたをして弱火にし、玉ねぎが十分やわらかくなるまで25分くらい煮る。

5 煮汁の味をみて塩、コショウで味を調える。器に盛り、好みで黒コショウを振る。

せおメモ

肉とお米を詰めて、中近東風に。

中近東ではよく見かける、野菜にお米を詰めた煮込み料理。最後にクリームチーズやカッテージチーズをのせても。玉ねぎはなるべく薄いスプーンを使うと上手にくり抜けます。

玉ねぎとアジの南蛮漬け

材料（2人分）

玉ねぎ…1個
小アジ…8尾

〈南蛮酢〉
酢…1カップ
水…1カップ
砂糖…大さじ4
しょうゆ…大さじ2
赤唐辛子輪切り…少々

小麦粉…適量
揚げ油…適量
万能ねぎ小口切り（あれば）…少々

作り方

1 玉ねぎは薄切りにする。ボウルに**南蛮酢**の材料を混ぜ、玉ねぎを加えてよく混ぜる。

2 アジはえらと内臓を手でとり、冷水で洗う。ボウルに入れてしょうゆ小さじ2（分量外）をかけて軽く混ぜ、水気をきる。

3 アジに小麦粉をまぶし、170℃に熱した揚げ油でから揚げにする。

4 揚げたてを熱いまま**1**のボウルに入れて混ぜ、そのまま冷ます。器に盛って、あれば万能ねぎを散らす。

指でえらをはずす

そのまま尾のほうに内臓ごと引っ張る

小アジは下ごしらえが簡単。ぜひチャレンジを！

魚は内臓から傷むので、小アジもえらと内臓を写真のようにとって、きれいに冷水で洗い、酒としょうゆをまぶしておけば翌日でもお刺身で食べられます。玉ねぎの南蛮漬けは揚げ物とベストマッチ。鶏のから揚げなどにかけても、さっぱりおいしくいただけます。

玉ねぎたっぷりシューマイ

材料（2人分）

〈シューマイの具〉

玉ねぎみじん切り
…大きめ¼個分
豚ひき肉…100g
ごま油…小さじ2
片栗粉…小さじ2
塩…小さじ¼
コショウ…少々

シューマイの皮…8枚
しょうゆ、練りからし
…各適量

作り方

1 ボウルに**シューマイの具**の材料を入れ、粘り気が出るまでよく混ぜる。

2 8等分にしてシューマイの皮に包む。

3 シューマイ同士がくっつかないように蒸し器に並べ、10分蒸す。

4 器に盛り、からしじょうゆでいただく。

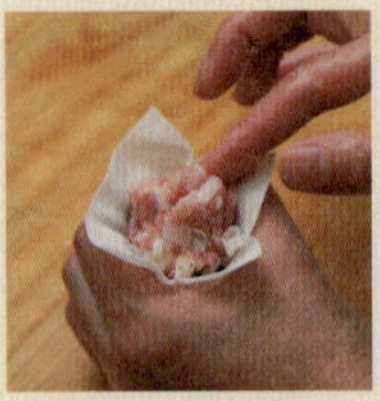

人差し指と親指で作った輪の上に皮をのせ、タネを押し入れる

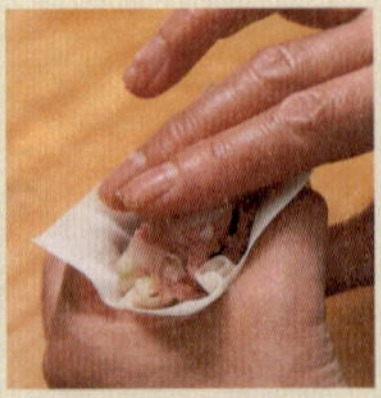

両手の指で周りと上下からギュッと押さえる

玉ねぎはお肉と同じくらいたっぷり入れて。

シューマイは餃子を包むよりもずっと簡単。具も餃子よりシンプルで手間がかかりません。ただし、シューマイは玉ねぎをたっぷり入れないとおいしくありません。ホタテ貝柱の水煮をほぐして入れれば、さらに豪華で旨みたっぷりに。

玉ねぎたっぷりメンチ

材料（2人分）

〈メンチのたね〉
玉ねぎ…小さめ½個
合いびき肉…200g
パン粉…½カップ
卵…1個
牛乳…大さじ3
塩、コショウ…各少々

〈衣1〉
天ぷら粉…⅔カップ
水…⅔カップ弱

〈衣2〉
パン粉…適量

揚げ油…適量
キャベツ、トマト…各適量
ソース、からし…各適量

作り方

1 玉ねぎは半分をみじん切り、半分を粗みじん切りにする。

2 ボウルに**メンチのたね**の材料を入れてよく混ぜ、6等分にして円盤状に形作る。

3 **衣1**の材料を混ぜて**2**をくぐらせ、**衣2**のパン粉をまぶす。

4 揚げ油を170℃に熱してメンチを入れ、温度を上げ過ぎないように注意しながら、メンチがふっくらと膨らむまで揚げる。

5 キャベツのせん切り、トマトを盛り合わせ、ソースやからしなど、好みの調味料でいただく。

玉ねぎは2種類の切り方で。
メンチも玉ねぎをたっぷり入れると、ジューシーで軽い食感に仕上がります。玉ねぎは切り方を変えて2種類。普通のみじん切りは肉となじんでジューシーさを、粗めのみじん切りは食感を楽しみます。キャベツのせん切りは、切ってから一度水に通すと、パリッとおいしくなります。

玉ねぎとじゃがいものクリームグラタン

材料（2人分）

玉ねぎ…1個
じゃがいも…2個（300g）
バター…小さじ2
生クリーム…½カップ
固形コンソメスープの素…1個
塩、コショウ…各少々
ピザ用チーズ…30g

作り方

1 玉ねぎは薄切りにする。じゃがいもは皮をむき、1㎝厚さの半月に切る。

2 フライパンにバターを中火で溶かし、玉ねぎをしんなりするまで炒め、じゃがいもを加えて1分ほど炒める。

3 グラタン皿に**2**を入れ、生クリームを注ぐ。砕いた固形スープの素、塩、コショウを全体的に振る。

4 180℃のオーブンまたはオーブントースター（700w）で30分焼き、チーズをのせてさらに10分焼く。

＼せおメモ／

ホワイトソースを使わず、生クリームをかけて焼くだけ。

生クリームをかけただけでも、時間をかけて焼けば、こっくりとおいしいグラタンができます。今回は玉ねぎで作りましたが、長ねぎでも。チーズは最初にのせると焦げてしまうので、最後の10分で。

ひと口ステーキ玉ねぎソース

材料（2人分）

玉ねぎ…1個
牛ステーキ肉…300g
にんにく薄切り…2片分
バター…小さじ3
塩、黒コショウ…各少々
酒…大さじ2
しょうゆ…大さじ1弱
イタリアンパセリなど（あれば）…少々

作り方

1 玉ねぎは薄切りにする。牛肉は両面に塩、コショウを振る。

2 フライパンを中火で熱し、バター小さじ1とにんにくを入れて炒め、キツネ色になったら取り出す。

3 残りのバターと玉ねぎを入れ、玉ねぎが薄く色付くまで炒め、取り出す。

4 肉を入れて片面1分半ずつ焼き、酒を振って取り出し、一口大に切る。

5 フライパンににんにく、玉ねぎ、肉を戻し強火にする。しょうゆを加え、炒め合わせる。

6 器に盛り、あればイタリアンパセリなどを添える。

玉ねぎは炒める時間で甘みを調整。

玉ねぎはどれくらい炒めるかで甘みが変わってきます。たくさん甘みを出したい場合は、じっくり焦げ茶色になるまで炒めて。弱火だと茶色くならないので、中火で炒め続けるのがコツ。今回はあまり甘みを出したくなかったので、薄茶色のところでいったん取り出しました。甘みを出してしょうゆで味付けしたソースは、オムレツにかけるのもおススメ。

玉ねぎと卵のみそ汁

材料（2人分）

玉ねぎ…1個
卵…2個
だし汁…3カップ
みそ…大さじ3

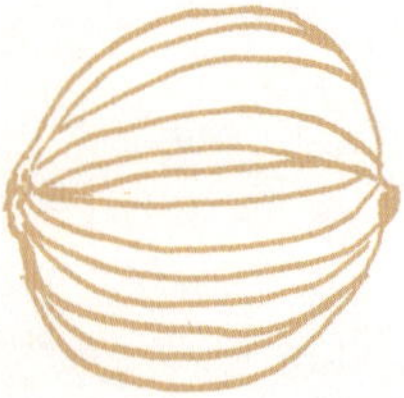

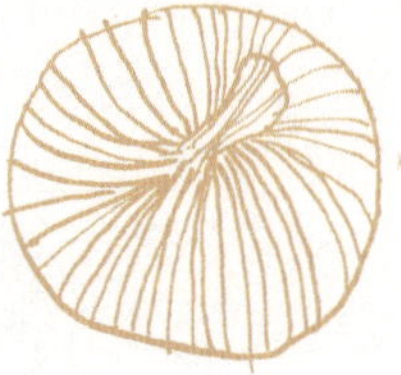

作り方

1 玉ねぎは7㎜幅のくし形に切る。

2 鍋にだし汁、玉ねぎを入れて中火で煮立て、弱火にして5分煮る。

3 みそを溶き入れ、再び煮立ったら卵を落とし入れ、3分煮る。

玉ねぎのクッションに
卵をそっと落とします。

このみそ汁は黄味が崩れないように卵を入れるのがポイント。いっぱい入っている玉ねぎをクッションにして、卵をそっと落とします。自信がない場合は、一度卵を小鉢に割ってから、小鉢を傾けてそーっと入れれば失敗しません。

玉ねぎとルッコラのスープ

材料（2〜3人分）

玉ねぎ…1個
ルッコラ…3株
トマト…½個
にんにく…1片
バター…大さじ1
水…3カップ
固形コンソメスープの素…1個
塩…小さじ½
コショウ…少々
粉チーズ…適量

作り方

1 玉ねぎは薄切りにする。ルッコラは根元を落とし、3cmに切る。トマトはくし形に切る。にんにくは半分に切る。

2 鍋に中火でバターを溶かし、玉ねぎを入れ、薄く色付くまでじっくり炒める。

3 ルッコラ、にんにくを加えてにんにくの香りが出るまで炒め、水、固形スープの素、塩、コショウを加えて煮立てる。煮立ったら弱火にして5分ほど煮る。

4 トマトを加え、トマトがやわらかくなるまで煮る。器に盛り、粉チーズを振る。

＼せおメモ／

洋風のスープを作るときは
厚手の鍋がおススメ。

野菜を炒めることが多い洋風のスープは、厚手の鍋を使うのがおススメ。薄手の鍋だと旨みを引き出す前に、野菜が焦げてしまいます。じっくり炒めて甘みを出した玉ねぎには、ルッコラやクレソン、春菊など、香りや味の強い野菜がよく合います。

ねぎを使った万能調味料。

作っておくと、重宝します。

ねぎみそ

油揚げに詰めたり、おにぎりの具にしたり、おかゆにのせたりと、用途はいろいろ。

混ぜるときは、最初にかつお節を入れて、みそ、長ねぎを入れると、かつお節が散らずに混ぜやすくなります。

ねぎがしんなりするまで、よーく混ぜて。

保存期間は冷蔵庫で約1カ月。

材料（作りやすい分量）
長ねぎ小口切り…1本分
かつお節…小袋2パック（4g）
みそ…2/3カップ

作り方
ボウルに材料を入れよく混ぜる。

ねぎみその お湯漬け

材料（作りやすい分量）

あたたかいご飯…軽く1杯
熱湯…適量
ねぎみそ…大さじ2〜3

作り方

1 茶碗にご飯を盛り、熱湯をかける。

2 ねぎみそをのせ、少しずつみそをくずしながらいただく。

ねぎ塩

刺身と和えてサラダにしたり、
焼肉にのせても。
私のおススメは冷やっこ。
ねぎ塩でいただくと、
豆腐のおいしさが
ストレートに味わえます。
ねぎ塩もちは、
韓国のトッポギを使った料理を
もちでアレンジしてみました。
保存期間は冷蔵庫で約１カ月。

材料（作りやすい分量）
長ねぎ… 2本
塩… 小さじ1
ごま油… 大さじ3

作り方

1 長ねぎはできるだけ薄い斜め切りにする。

2 塩、ごま油を混ぜ、ねぎがしんなりするまでおく。

ねぎ塩もち

材料（1人分）

もち…2個

ごま油…大さじ1

ねぎ塩…適量

作り方

1 もちは縦半分に切る。

2 フライパンにごま油を中火で熱し、もちを入れる。焦げ目が付き、ふっくらと膨らむまで焼く。

3 器に盛り、ねぎ塩をのせる。

甘辛みそ

唐辛子をピリッときかせれば、
コチュジャンのように使える甘辛みそ。
今回は万能ねぎで作りましたが、
長ねぎで作ってもおいしくできます。
焼肉につけたり、
厚揚げに塗って焼いたりと、
用途はいろいろ。
ゆで豚はなるべく
すき間ができない大きさの鍋を選び、
ちょうどよく入るように切ってゆでましょう。
保存期間は冷蔵庫で約１カ月。

材料（作りやすい分量）
万能ねぎ小口切り…½把分
みそ…1カップ
砂糖…½カップ
一味唐辛子…小さじ1〜2

作り方
ボウルに材料を入れよく混ぜる。

ゆで豚のサム

材料（作りやすい分量）
豚肩ロース肉かたまり
…500g
顆粒鶏スープの素…小さじ1
サンチュ…適量
甘辛みそ…適量
白菜キムチ…適量

作り方

1 鍋に豚肉、顆粒鶏スープの素、かぶるくらいの水（分量外）を入れ、十分やわらかくなるまで1時間ほどゆで、ゆで汁につけたまま冷ます。

2 冷めたら5㎜厚さに切り、サンチュにゆで豚をのせ、甘辛みそ、キムチなどといっしょに包んでいただく。

玉ねぎマヨネーズ

私は魚介のフライには、
タルタルソースよりも
この玉ねぎマヨネーズを合わせるのが好き。
タルタルソースよりもさっぱりしていて、
作るのも簡単です。
玉ねぎマヨネーズを作っておくと、
ゆでたじゃがいもと和えればポテトサラダ、
ツナ缶と和えればツナマヨがあっという間に。
納豆と混ぜるのもおススメです。
保存期間は冷蔵庫で約1カ月。

材料（作りやすい分量）
玉ねぎみじん切り…½個分
マヨネーズ…1カップ

作り方
玉ねぎは水にさらさず、そのままマヨネーズと和える。

カキフライ

材料（2人分）

カキ…10粒
塩、コショウ…各少々
天ぷら粉…½カップ
水…½カップ弱
パン粉…適量
揚げ油…適量
玉ねぎマヨネーズ
…適量
レモン…適量
ソース（好みで）
…適量

作り方

1 カキはボウルに入れて塩小さじ山盛り1（分量外）を振り、指先でかき混ぜてぬめりが出てきたら冷水で洗い流す。紙タオルで水気をとり、塩、コショウを振る。

2 天ぷら粉と水を混ぜてカキをくぐらせ、パン粉をまぶす。

3 180℃に熱した揚げ油で、キツネ色になるまで揚げる。

4 器に盛り、玉ねぎマヨネーズとレモンを添え、好みでソースもかけていただく。

薬味しょうゆ

スライスしたトマトや
ゆで肉にかけたり、
そうめんにのせても。
香りのよい野菜で
生で食べられるものなら
何を入れてもＯＫですが、
セロリとキュウリは必須。
今回は玉ねぎを使いましたが、
長ねぎや万能ねぎでもおいしく作れます。
保存期間は冷蔵庫で約２週間。

材料（作りやすい分量）

玉ねぎみじん切り…½個分
セロリみじん切り…10㎝分
キュウリみじん切り…½本分
しょうがみじん切り…1かけ分
大葉みじん切り…10枚分
しょうゆ…適量

作り方

みじん切りにした材料を容器に入れ、しょうゆをひたひたになるまで注ぐ。

くずし豆腐の冷やっこ

材料（作りやすい分量）

木綿豆腐…1丁

薬味しょうゆ…適量

作り方

1 豆腐はたたんだ紙タオルにのせ、数分おいて余分な水分をきる。

2 豆腐を手で一口大に崩して器に盛り、薬味しょうゆをかける。

素材別さくいん

長ねぎ・万能ねぎ・玉ねぎ 料理別登場順

魚介

卵

豆腐・大豆製品

乾物・缶詰・塩蔵品・その他

米・めん・パン

瀬尾幸子（せお・ゆきこ）

料理研究家。得意なメニューは「外食やデパ地下惣菜では食べられない、どうってことないけど簡単でおいしい」家ごはん。自身の体験から編み出したそんなレシピ集『一人ぶんから作れるラクうまごはん』、続く『もっとラクうまごはん』、さらには“ラクうま”のコツの部分をていねいに紹介した『ラクうまごはんのコツ』（いずれも小社刊）が評判となる。ねぎ愛が高じた本書も“ラクうま”全開のレシピが勢揃い。『のっけパン100』（主婦と生活社）、『瀬尾幸子の楽ちん台所塾』（文藝春秋）など著書多数。

器協力　UTSUWA
151－0051
東京都渋谷区千駄ヶ谷3－50－11　明星ビルディング1F
TEL 03－6447－0070

本書の内容に関するお問い合わせは、**書名、発行年月日、該当ページを明記**の上、書面、FAX、お問い合わせフォームにて、当社編集部宛にお送りください。**電話によるお問い合わせはお受けしておりません。**
また、本書の範囲を超えるご質問等にもお答えできませんので、あらかじめご了承ください。
FAX：03－3831－0902
お問い合わせフォーム：http://www.shin-sei.co.jp/np/contact-form3.html

落丁･乱丁のあった場合は、送料当社負担でお取替えいたします。当社営業部宛にお送りください。

ねぎのレシピ

著　者　瀬　尾　幸　子
発行者　富　永　靖　弘
印刷所　公和印刷株式会社

発行所　東京都台東区 台東2丁目24　株式会社　新星出版社
〒110-0016　☎03(3831)0743

ISBN978-4-405-09276-1